Pour Marie, Sophie, Laure, Guillaume et Lucie,
pour Marie-Anne.

« Nous devons dire aujourd'hui : Tu dois, car tu fais, car tu peux.
Autrement dit, ton pouvoir exorbitant est déjà à l'œuvre. »

Hans JONAS.

« Et c'est pourquoi je te dirai que l'esprit mène le monde et non l'intelligence. »

Antoine DE SAINT-EXUPÉRY.

Pour Maud, Sophie, Laure, Guillaume et Lucie.

JEAN-MARIE [illegible]

« Nous pouvons dire aujourd'hui : Tu dois, car tu fais, car tu peux, autrement dit, ton pouvoir exorbitant est déjà à l'œuvre. »

HANS JONAS

« Et c'est pourquoi je te disais que l'esprit mène le monde et non l'intelligence. »

ANTOINE DE SAINT-EXUPÉRY

Prologue

Lucie
ou l'intuition de la responsabilité

Le biberon est achevé. Lucie est lovée dans mes bras. Rassasiée, elle s'abandonne à l'épaisseur de ma chair qu'elle semble trouver confortable. Je me lève un peu brusquement et ses petites mains se tendent, ouvertes. Elle a rouvert ses yeux et me regarde fixement. A six semaines, elle commence à suivre les hochements de ma tête, à gauche, à droite, qui testent ses progrès. Je reste immobile ; elle esquisse ce merveilleux mouvement des lèvres qui est son premier sourire. Je l'aime et elle me regarde. Sans doute me reconnaît-elle comme celui qui vient de la changer, de lui nettoyer les fesses et de la rhabiller tendrement. Son regard est d'un abandon total. Je suis debout. Je sais que je pourrais la lâcher et elle se fracasserait sur le parquet. Je pourrais la laisser là, sur ce canapé de cuir, et m'en aller lire ou écrire.

Mais je n'y suis pour personne. Mon assistante peut vouloir m'affoler d'un client fructueux, je n'y suis pour personne. Il rappellera. Ou il se lassera, peu importe. Je tiens Lucie dans mes bras. Elle me fixe toujours, en esquissant ses premiers sons que j'admire, tandis que mes lèvres tentent de lui montrer la voie et accompagnent les siennes. Elle a maintenant digéré. Plus sereine, elle multiplie les rictus de séduction. Elle dépend entièrement de moi.

Elle est mon cinquième enfant ; et je revis la même scène toujours différente. Elle agite ses petits bras de cent moulinets qui semblent vouloir m'atteindre. Elle fait l'effort d'avancer sa tête. Tout son petit corps se contracte pour s'approcher.

Mon pouvoir est immense, sans limites sur ce bébé qui me fascine. Lucie, je t'aime, toute petite, déjà grandie et grossie pourtant. Elle est moins fragile ; elle est déjà une belle conscience face à moi qui l'ai faite. Dans son visage je revois les autres, et moi, plus jeune, moins expérimenté. Lucie, je t'aime avec ta petite bouche qui balbutie tous les mouvements. Dans ta grenouillère qui se tend et se détend sous tes flexions de jambes batraciennes.

Je suis tout pour elle, comme sa maman. Mais dans cet instant, c'est moi qui la tiens et la garantis dans mes bras. C'est moi qui l'ai nourrie quand elle se crispait de faim sur son poing maladroit. Je vis intensément ces instants à nuls autres pareils. J'éprouve cet émerveillement, ces images que j'essaie de faire revenir à ma conscience, quand le soir je me couche en pensant à Lucie. J'aurais envie d'écrire mille mots pour dire sa beauté, ma fierté, nos regards. Je n'ai plus envie de penser comme un philosophe, mais seulement de vivre ses yeux dans les miens, dans une douce passion que le temps ne menace jamais, comme je le sais aujourd'hui. Je n'aime plus les philosophes qui oublient de regarder ce bébé, qui l'expulsent de leur sinistre horizon. Tous ceux qui pour fuir l'évidence commune préfèrent taire ce miracle.

Avec sa maman, penchés sur Lucie, nous savons que notre amour a pris une tout autre dimension. Peut-être hélas ! faut-il, en ces temps, ne plus être philosophe ou ne plus penser l'être — ou accepter de ne plus être jugé comme tel —, pour ressentir en soi cette intuition si puissante d'une responsabilité nouvelle. Responsables de Lucie devant elle seule, devant toute sa famille, ses sœurs, son frère et surtout sans doute devant notre conscience commune. Le sentiment est vif, imposé par Lucie et vécu dans mille petits actes quotidiens, du biberon au stérilisateur en passant par le bain, et le nettoyage des selles — ne pas se relâcher, ne pas différer le moment du change pour lui éviter ces irritations si vite subies par sa peau très sensible — veiller aux températures de l'eau, de l'air, pour l'habiller ou la laver — déjà lui faire comprendre que ni moi ni sa maman ne céderons à ses premiers caprices, quand sa moue séductrice veut nous persuader de la câliner sans cesse ; ou quand, en cas d'échec de la première tactique, ses pleurs criards veulent nous faire obtempérer.

Lucie, comme ses frère et sœurs, m'impose la responsabilité. Quand même serait-elle là par hasard, accident, viol ou négligence : elle est là, impérative.

Et cela ne fait que commencer.

Introduction

Des responsabilités

Curieuse notion que la responsabilité. On la fuit comme on la cherche. On s'en défausse comme on s'en pare. On y accède comme on la quitte. On use du même vocable pour désigner un pouvoir, pour attribuer une faute ou louer une assomption. Sorti de ses juridiques fonts baptismaux, le mot circule de l'entreprise au cabinet médical, de la sphère politique au monde médiatique, également sollicité par les écologistes et les pédagogues, en famille ou à l'école. Souvent prononcé, souvent valorisé, comme si l'on percevait confusément, ici et là, qu'il est une référence de notre temps. Il subit le destin de tous ces termes ambulants qui perdent leur clarté à force d'invocations.

Prenons-le tel qu'il se dit pour en faire un concept. Pensons-le dans ses subtiles variations qui le font autant abhorrer qu'adorer : il parcourt en effet tout un spectre de jugements et d'évaluations. La langue ne connaît pas le hasard et chaque acception est une révélation. Pour qu'un nouveau repère soit efficace, il faut qu'il soit clair, dégagé de ses parasites usuels. Il peut nous être un guide quand nous sommes médecin, homme politique, père de famille, journaliste, chef d'entreprise, dirigeant syndical ou même exclu en voie de réinsertion. Il prend sens pour moi en tant qu'homme, mais aussi pour nous en tant que collectivité. Nous ne sommes jamais seulement ce que dit notre fonction ; au-delà de nos conditions particulières, nous avons des responsabilités d'ordres différents, selon les lieux, selon les temps, selon les avatars de notre vie.

Suivons donc le spectre des usages. Le pire d'abord, c'est-à-dire le plus influencé par l'enfantement juridique, puisque, au commencement, ce n'est pas un mot de philosophe. Il correspond à la question inscrite en manchette d'un quotidien lorsque l'équipe de France est humiliée par le quinze de la Rose, ou quand deux trains se percutent à la fin du voyage, ou encore devant le calvaire d'adolescents hémophiles contaminés par suite de négligences. Question péremptoire : *Qui est responsable ?* La quête des responsables commence, inquisitrice et accusatrice. Dans cette acception, l'interrogation enveloppe la faute. On apostrophe : *à cause de qui ?* quand on oublie de demander *grâce à qui ?* — si les trains arrivent à l'heure, si nous gagnons le tournoi des Cinq Nations ou si les transfusions prolongent l'existence. Notre langue traduit bien de ces deux façons la relation de causalité.

Au centre du spectre apparaît l'acception la plus neutre, dépourvue de valeur. C'est la signification littérale de la responsabilité, dans son suffixe et sa racine : la *capacité à répondre de ses actes*. Ces derniers sont indifférents : le mot n'en dit rien, qu'ils soient des crimes ou des exploits. Mais en même temps, la responsabilité excède la relation simple de causalité puisqu'elle inclut l'idée d'un discours. *Je suis responsable* signifie littéralement *je peux répondre : c'est moi qui suis la cause*, si on me pose la question. Je connais cette action comme mienne, quelle qu'elle soit. La réponse suppose une conscience qui articule des mots. Elle dit un contenu qui semble bien neutre : *je suis le commencement d'une série causale* ; ou encore, si l'on remonte un événement des effets aux causes, je peux répondre que c'est en moi que s'arrête le périple.

Au meilleur du spectre, la responsabilité devient valeur — ce que l'on constate dans de nombreux discours. Ainsi exhorte-t-on à la responsabilité individuelle dans l'entreprise, à son engagement, ou parle-t-on de responsabilité politique lors d'une décision difficile. Ainsi se reconnaissent les parents face au nourrisson. Portée au plus haut, la responsabilité définit en même temps un territoire de pouvoir. Un responsable est toujours responsable de quelque chose ou quelqu'un.

A y regarder de près, ces variations étonnantes subsument sous le concept les mêmes ingrédients : on y trouve toujours de la *causalité*, de la *conscience*, du *pouvoir* et de la *réponse*. Seule la nature de l'acte engendre des usages très divers, du pire au meilleur : quand il y a faute, crime ou délit, la question *Qui est responsable ?* est légitime, puisque personne ne répond à la question. Et l'enquête commence, pour s'abîmer dans les arguties juridiques d'un procès. Quand c'est un succès, les candidats sont pléthore et les responsables paradent.

Toutefois manque ici le concept crucial qui fait passer un mot usuel au statut de référence ou de nouveau repère, ici et là. Il fait naturellement défaut tant qu'on n'a pas pris la mesure des enjeux de la responsabilité. Il ne s'en déduit ni par analyse, ni par recherche étymologique. C'est la notion même de *devoir*. Elle seule peut établir la médiation entre l'usage commun d'un mot et notre exigence actuelle d'un discours moral. Tant que la responsabilité se réduit à l'imputation d'une causalité, même consciente, même articulée, même reconnue, nous esquivons l'essentiel : faire de la responsabilité une valeur, c'est indiquer des devoirs. Si je suis responsable *de*, je dois faire ceci et ne pas faire cela ; mais je dois agir ; plus encore, je ne dois pas être *négligent*. Le devoir s'impose à ma conscience. Dans la solitude d'une conscience qui sait n'être pas solitaire. Hantée par la présence de l'Autre, ni juge, ni enfer, ni bourreau. Cet Autre à qui je dois répondre, à qui je veux répondre.

Reprenons nos trois pôles : ils ne concernent pas les mêmes extases du temps. Le juridique, péjoratif, renvoie toujours au passé ; la question « Qui est responsable ? » relève d'un passé recomposé et se traduit ainsi : « Qui *a été* responsable ? » L'acception littérale reste neutre. Tandis que la dimension morale dit des devoirs pour le futur, voire pour l'avenir : si je suis responsable, *je dois faire, j'ai à faire*. Nous ne sommes plus dans l'enquête policière, à la recherche des traces, des écrits et des statuts. Nous vivons dans le devoir-agir, là où la parole nous est un engagement.

Nous entrons dans le *temps des responsables*, c'est-à-dire que, dans ce monde qui a changé, nous pouvons y formuler nos devoirs pour qu'il devienne notre monde ; c'est-à-dire qu'ils doivent nous permettre de distinguer le bien du mal, ici et maintenant, au seuil de l'action, dans la tension vers l'avenir ; c'est-à-dire enfin qu'il faut les enseigner, dans la famille comme dans l'école, pour apprendre à mieux agir, sans retomber dans les affres d'une morale discréditée.

Que la responsabilité soit désormais la « clef de voûte de tout l'édifice moral », comme disait Kant, il faut le démontrer pour le concept et le montrer pour les pratiques.

D'un côté, démontrer l'insertion de la responsabilité dans un discours moral de notre temps; de l'autre, mieux formuler nos responsabilités là où nous sommes, où nous agissons, en les dégageant des usages confus qui les obscurcissent.

I

LE SENS D'UNE MORALE DE LA RESPONSABILITÉ

Soit le philosophe. Il sait la morale partie prenante de la philosophie. Au gré des modes et des contradictions des temps, il peut la combattre : s'il la pense trop commune, s'il la croit trop liée à un système social, s'il la juge trop obnubilée par le sexe, ou trop hargneuse dans ses jugements. Mais il ne peut bafouer le concept même d'une morale. Il en connaît les ingrédients essentiels : le *devoir*, le *bien*, le *mal*, concepts formels encore dépouillés de contenus particuliers, mais concepts essentiels qui permettent de bien distinguer l'intérêt du devoir, la morale de ses simulacres, son intimité de sa communication. Une qualité morale n'est jamais une qualité du tempérament : il n'est en rien moral d'être intelligent ou, plus généralement, « doué ». Le don ne peut avoir de dimension morale qu'à la condition d'être acte ou offrande. *Avoir* un don, être doué, c'est comme un patrimoine — génétique ou financier : sa valeur peut être marchande, mais elle n'excède jamais la sphère proprement économique.

Une fois pris en compte, ces quelques concepts nécessaires attendent un contenu et des fondements. Les fondements sont d'ordre métaphysique, théologique ou religieux. Dès qu'ils sont posés, les divisions commencent et les affrontements se multiplient. Les dieux sont différents, parlent des langues qui nuisent à leur compréhension, et les morales babéliennes servent d'étendards à tous les fanatismes. Les contenus varient en deçà des Pyrénées et au-delà, et d'un philosophe à l'autre, chacun marquant sa singularité par le privilège donné à une valeur identifiée — pitié, sympathie, amour, plaisir, etc. — et au moyen d'un combat rudement mené contre les autres. Ainsi, à travers fondements et contenus, le devoir n'est-il plus un devoir-être mais devient-il un devoir-combattre. La plupart des formulations morales sont guerrières, dans leur lexique comme dans leur syntaxe — « combat pour les valeurs », « réarmement moral », etc. Ce qui les fait soupçonner d'être des armes, des outils de terreur ou des instruments de torture.

C'est pourquoi une version philosophique du pacifisme a pu être fascinée par la disparition de toute exigence en matière de morale. Mais l'élision du devoir est un rêve dont on ne sait jamais s'il tient d'une conviction pacifiste ou d'un tempérament porté à la lâcheté. La difficulté d'en concevoir un contenu acceptable par le plus grand nombre ne saurait dispenser d'une recherche de nature philosophique. Au contraire, la morale doit s'appuyer sur ce qui nous est commun, au tréfonds des consciences humaines.

La notion de « sens commun moral »

L'exigence d'œcuménisme n'est pas contingente en matière de morale. Elle doit hanter la réflexion. Non qu'elle pousse à un discours de facilité qui permettrait à chacun d'être moral à peu de frais. L'assentiment porte sur les principes : il n'implique pas que chacun agisse moralement ; il suppose que chacun puisse prendre conscience du fait qu'il agit bien ou mal, de quelque côté que penche son opération singulière.

Ainsi la réflexion sur la morale doit-elle être distinguée de la pure incitation. Elle peut être réflexion morale dès lors qu'elle parvient à supprimer cette distance qui porte à évaluer chaque discours. Il faut bien qu'elle s'engage au-delà de l'analyse idéologique. C'est une autre affaire de savoir si chacun trouve son intérêt à agir moralement ; c'en est encore une autre d'en faire le ressort chargé de persuader. La dignité, la fierté, le plaisir même qu'un homme peut trouver dans le fait de bien agir sont des résultats. On ne peut à la fois montrer toute la distance qui existe entre le calcul d'intérêt et la notion de devoir et inciter à l'action morale par le biais d'un intérêt quelconque.

C'est ce qui distingue essentiellement la moralité et la légalité : la première n'opère ni par sanctions ni par récompenses ; la seconde propose un arsenal dissuasif et incitatif. La première se joue dans l'intimité d'une conscience qui sait qu'elle n'est pas seule au monde, mais qui n'est pas menacée par la pluralité des consciences ; tandis que la seconde se justifie et punit par et dans la société. Il peut être de bonne intelligence d'agir légalement, car dans le cas contraire qui est vu peut être pris. La bonne image que peut donner un acte moral ne vient que *par surcroît*. Il est probable que l'acte moral s'exténue dans son propre commentaire : c'est ce qui distingue les éthiques bavardes et la morale silencieuse. Il faut partir de ce principe : jamais la moralité ne peut se réduire à une bonne intelligence des choses ni à un calcul de son intérêt bien compris. Par « son » intérêt, il faut comprendre le sien propre, individuel, ou celui d'une société. La moralité ne peut se fonder dans la seule cohésion sociale ; elle ne peut avoir pour seul but la paix sociale retrouvée. La demande de morale est hétérogène au désir de consensus social, qui est, dans la rhétorique, la paix que l'on souhaite voir s'installer dans les marges turbulentes, qu'elles affectent nos banlieues ou nos entreprises.

Alors, pourquoi parler d'œcuménisme moral ? C'est une question de principe, et non affaire de reconnaissance sociale. La reconnaissance et la convergence des consciences individuelles entre elles ne passent pas par la médiation d'une société toujours désireuse de réguler ses conflits. La loi est là pour ça. La morale peut produire cet effet, presque par hasard.

Il s'agit d'éviter ce qu'on pourrait nommer un *élitisme moral de principe*. Il menace sans cesse le philosophe : soit qu'il subordonne directement l'acte moral à la quantité des connaissances — sur le thème « l'ignorance est la mère du vice » —, soit qu'il subordonne l'acte moral à sa propre lecture. Ce qui se traduit dans deux formulations différentes, mais en fait convergentes dans leur ségrégation : soit « soyez intelligent et cultivé car la moralité se déduit de cet état » ; soit « imprégnez-vous de ma philosophie, elle vous indique le bien et le mal, les vraies valeurs ; entrez dans mon cénacle pour y respirer l'air d'une moralité qui s'y définit ».

C'est pourquoi, dans la méthode même de la réflexion philosophique sur la morale, il nous faut bien rechercher un « sens commun moral ».

L'œcuménisme ne peut se construire à partir d'un émetteur isolé, replié sur son discours de spécialiste et dont la seule tâche future serait un prosélytisme efficace. La morale occupe une place à part dans la philosophie. Même si des concepts essentiels la structurent, les contenus ne sont pas insensibles au temps. Une morale à laquelle on accole un nom de philosophe est perdue d'avance, dans le sens où elle est perdue pour tout le monde. La morale d'un philosophe tombe sous le coup de la critique que prononçait déjà Pascal à l'encontre du Dieu des philosophes : pire que l'athéisme, affirmait-il. L'élitisme est contradictoire avec l'ambition d'une morale comme il l'est avec le lien religieux. De même que le religieux dit le lien (*religare*, relier), la morale dit un peu les mœurs, sans jamais s'y réduire. Il ne s'agit pas de décrire les comportements pour définir le bien et le mal ; on ne peut cependant élaborer dans la solitude le contenu des exigences de ce temps. La morale ne s'écrit pas à l'indicatif ; elle ne peut se passer du mode impératif. Mais le contenu des impératifs découle en partie des situations historiques que nous vivons, tandis que la contrainte formelle demeure. Autrement dit, le rôle du philosophe ne réside pas dans la superbe affirmation d'une morale qu'il aurait découverte dans son ipséité. D'ailleurs, dans ce cas, on ne sait jamais vraiment s'il la promeut parce qu'elle est juste ou parce qu'elle est sienne.

A défaut de fondements métaphysiques posés *a priori*, à défaut d'un Dieu qui édicterait ses commandements, même et surtout pour et contre ceux qui ne croient pas en lui, il faut bien une conviction de départ. Au minimum, il faut reconnaître que la dimension morale est une dimension de toute conscience humaine, comme on parle des trois dimensions de notre espace perceptif. Tout en laissant de côté la question des contenus particuliers, nous devons admettre que chaque homme a bien en lui l'intuition qu'il agit bien ou mal. Ou plutôt, quelles que soient immédiatement ses propres définitions — héritées, transmises ou imposées — du bien et du mal, chaque homme a bien l'intuition d'un *départ*, d'une différence entre un bien et un mal, laissés pour le moment indéfinis. C'est ce que le philosophe veut signifier en affirmant que « toute conscience est une conscience morale » : cette assertion ne préjuge en rien la moralité de ses actes, mais inscrit dans la conscience même la certitude subjective d'une différence, lors même que le bien et le mal resteraient dans l'incertitude et la confusion.

Cela n'implique nullement que chaque homme doive par principe évacuer toute référence à une transcendance divine qui fonde cette conscience. Chaque conscience tire la force de sa conviction morale d'où elle peut. Mais dans notre propos, nous ne considérerons cette référence que comme une force supplémentaire, comme un atout, un ajout ou une chance roboratifs.

Le devoir et l'intelligence

Reste à situer le commencement d'une réflexion morale positive. La confusion des discours dits « éthiques » nous a fait l'obligation d'un moment critique. Il ne peut être que provisoire d'un point de vue logique, même si l'itération des confusions oblige à la répétition de la critique. Mais il est évidemment plus aisé de critiquer ce qui a le goût, l'apparence ou la saveur de la morale et qui n'en est pas. Des critères formels sont formulés qui permettent la prise de distance. Généralement, tout discours qui s'adresse au calcul d'intérêt, à l'intelligence pure, à la capacité de communication sans solliciter la conscience morale n'est pas de nature morale. On peut y trouver des intérêts pour la société si les résultats ponctuels ressemblent à ceux qu'aurait donnés une telle sollicitation ; mais ce sont des effets contingents. Cette réflexion critique est nécessaire car la déduction est inévitable en matière de pédagogie morale : il ne faut pas se tromper de levier pour remuer les consciences, dans l'école comme dans la famille. L'adresse du discours moral ne peut être que la conscience ; cette conscience est, dans son principe, individuelle et non pas la résultante d'une pression sociale : pour qui entame une réflexion sur la morale, il faut parier que nous avons dépassé le stade des fourmis. C'est-à-dire reprendre la conviction bergsonienne d'une *morale ouverte* sans mesure commune avec la morale close. L'excitation de l'intelligence pure ne produit que des convictions versatiles. La morale se perdrait à se laisser prendre aux apparences du discours éthique. Sa critique n'est pas épuisée : la demande de morale se confirmant, les marchands du temple varient leur offre en jouant de tous les leviers de la communication et de l'image.

Aujourd'hui la réflexion positive sur la morale est seconde, car elle doit toujours se démarquer des simulacres. C'est aussi un signe des temps. L'endroit de cet envers est sans nul doute la quête d'un discours moral. Recherche encourageante qu'il faut prendre comme telle. En elle-même, ce n'est pas une mode. Datée par le vide auquel elle veut substituer un contenu, elle ne saurait se réduire à l'air du temps. Si mode il y eut, elle a résidé bien plus dans l'interdit qui a pesé durant trente ans sur tout discours moral émis dans l'espace public.

Soit, donc, le philosophe, pris entre deux exigences au mieux paradoxales, au pis contradictoires. D'un côté les concepts essentiels de toute morale — *Devoir, Bien, Mal* —, et de l'autre l'œcuménisme. La contradiction n'existe que dans une définition et une pratique statutaires : le philosophe médite, dans son propre monde, dans l'histoire de sa discipline, dans ses universités ou collèges prestigieux, devant son public fait de pairs qui se reconnaissent pour partie à travers une langue commune. La contradiction n'est plus qu'apparence — c'est dire qu'elle devient simple paradoxe —, si le but recherché — l'œcuménisme — est présent dès le commencement de la réflexion.

Peut-être devrions-nous écrire « universalité » plus qu'« œcuménisme », pour nous situer dans une catégorie philosophique aisément reconnue. Mais celle-là enveloppe une abstraction trop homogène à la pensée philosophique en ce qu'elle présuppose un accord théorique *de droit*. Tandis que celle-ci suggère un accord pratique *de fait*. La différence essentielle est ailleurs, dans la méthode même de la pensée et de son développement.

La réflexion morale est un lieu privilégié de confrontation avec l'opinion. Non qu'il faille chercher dans quelque sondage l'approbation d'une thèse philosophique. Non qu'il s'agisse de coller à la pensée commune dans une nouvelle rhétorique agréable et flatteuse. Mais, s'il existe un *sens commun moral*, il ne peut être étranger à la production des concepts de la moralité. Sans doute s'exerce-t-il avant tout sur des exemples, comme nous le montre abondamment le *Ménon* ; on peut cependant faire l'hypothèse qu'il s'y révèle quelques éléments, quelques intuitions. Dans des admirations ou des indignations communes se manifeste le même sens *commun*. La réflexion philosophique doit s'étayer sur lui, avec la conviction qu'elle lui apporte sa puissance d'analyse.

La tâche est alors de formulation, d'éclaircissement, d'analyse, avant d'être de fondation. Il faut partir de la nécessité d'un discours moral dans l'imperfection même de ses formules diverses pour éviter qu'une armada de présupposés métaphysiques n'en montre l'inanité : prouver le mouvement en marchant quand des sophistes le déclarent impossible.

L'œcuménisme ne signifie pas ce consensus que l'on dit mou, dans la nostalgie des durs affrontements. Il désigne une universalité concrète : la morale concerne chacun, quels que soient sa place dans la société, ses pouvoirs ou sa fortune. Elle doit donner des repères au père de famille, au citoyen, à l'homme d'entreprise, c'est-à-dire être la synthèse complexe d'une exigence globale et de situations locales. Les deux éléments sont inséparables : à trop privilégier l'un, elle reste à distance, sans prise sur les consciences ; à l'exclure, elle demeure engluée dans un pragmatisme désorienté. Les deux comptent dans leurs tensions mêmes qui évoluent avec le temps.

Les situations de la morale

Car il serait vain d'évoquer des contenus sans histoire : la structure des concepts essentiels demeure, mais le discours moral est historique. Il se renouvelle au rythme des tensions qui parcourent notre société sans pourtant s'en déduire complètement. Là encore, il nous faut nous méfier des pièges d'une adhésion servile aux mille images que produit un système social. Les tensions existent, irrémédiables. La morale est dans la tension elle-même : quand celle-ci est trop forte, le fil se rompt, le discours moral se discrédite car la tension est devenue négative et les contradictions insupportables. Ainsi le discours moral s'est-il absenté de l'espace public durant trois décennies.

Il nous aura fallu du temps pour recomposer un discours assez évocateur qui intègre la critique radicale qui fut faite de l'ordre moral, de la haine accusatrice et de l'obnubilation par le sexe. Le sens commun moral n'évoque plus aujourd'hui l'ordre, mais tente de désigner quelques repères dans les désordres du jour.

Si nous n'admettons pas ces aléas de l'Histoire — ces moments difficiles durant lesquels nous devons vivre l'horreur du vide pour désirer dire à nouveau les devoirs —, nous tombons dans une sociologie descriptive qui enregistre nos renoncements pour mieux s'en satisfaire. L'homme est toujours capable d'exigences et ne l'éprouve jamais mieux que dans leur absence insupportable. Annoncer le crépuscule du devoir, c'est s'installer dans l'éphémère ; c'est consacrer l'absence temporaire d'un discours moral comme un destin et faire d'une péripétie le sens de l'Histoire ; c'est subir le moment incertain comme un avenir défini, tel l'enfant né en prison qui croit que le monde est une geôle.

Si l'on ne peut caresser les cercles vicieux pour les rendre vertueux, on doit à tout le moins écouter ce qui, dans notre monde, bruit de ces tensions multiples. Nous voulons des repères, nous voulons des formes nouvelles de spiritualité, mais nous avons rejeté tous les moralismes apodictiques. La morale doit se libérer de ses obsessions suicidaires : le sexe, la haine et l'ordre social. Nous savons confusément qu'elle est faite d'une pluralité de vertus qui donnent son poids à la parole humaine, qui la relient aux actes en une belle générosité. Mais il faut aller plus loin pour penser concrètement les situations nouvelles que nous découvrons.

D'où la nécessité d'écouter vibrer ces tensions, sans mépriser les approximations lexicales ni les ambiguïtés dont leur nature les rend grosses. Entendons bien ce qui se dit aujourd'hui dans l'entreprise, dans la cité, dans la famille, jusque dans le coït lui-même parasité par le sida. Partout il est question de la responsabilité. Le concept vaut le détour. Il vaut même un voyage dans ces mondes qui font la vie même, dans ses mouvements comme dans ses exclusions, sa procréation ou ses dégradations. En regardant, en écoutant, en aimant, nous saisissons l'intuition de la responsabilité. Et la philosophie, heureuse, s'en mêle déjà, comme nous le montre *Le Principe responsabilité* du philosophe allemand Hans Jonas. C'est une nouveauté pour elle, car le concept de responsabilité est presque rare dans l'histoire de la philosophie. Il nous vient du droit et de cette *réponse* si nécessaire dans l'espace des tribunaux. Mais le sens commun moral en a transformé la signification.

Globalement d'abord, chacun reconnaît dans l'« être responsable » un être pourvu d'une vertu essentielle. Avoir le « sens des responsabilités » ne souffre aucune contestation. Tandis que l'irresponsable, qu'il soit un chauffard ivre ou un joueur invétéré, recueille réprobation. Assumer une responsabilité est un gage de reconnaissance. Enfin, chacun aimerait qu'on puisse dire de lui qu'il est un homme responsable. Intuitivement, cette vertu n'est pas connectée avec une forme particulière d'intelligence, ni avec aucune qualité de tempérament, ni avec les dons de la fortune. On ne reprochera pas à un homme le pouvoir qu'il détient s'il en tire les conséquences : mieux encore, s'il en déduit sa responsabilité propre, son pouvoir se légitime pour devenir autorité. Au contraire le ministre qui se « défile », qui cherche des « fusibles », qui renvoie des collaborateurs pour rejeter sur eux une faute qu'il devrait prendre sur lui sera reconnu comme agissant mal. Dans la même intuition, on perçoit que l'homme responsable aime à reconnaître qu'il est La Cause : il ne cherche pas de bouc émissaire, il ne montre pas du doigt, il ne regarde ni plus haut ni plus bas pour trouver quelqu'un qui « porte le chapeau ». Il ne rétorque pas « c'est lui » ; il aime à dire « c'est moi ». Ce qui nous autorise à parler de « sens commun moral », c'est cette convergence des jugements qui se parachève dans le profond désir de se voir attribuer pour soi-même le prédicat « responsable ».

Pêle-mêle : la « responsabilité individuelle » devient « valeur » dans l'entreprise ; le pape, insulté comme « irresponsable », la brandit contre le préservatif ; des « nuits fauves » la dramatisent ; les politiques en peuplent leurs discours pour chasser les démons de quelques affaires sordides ou tragiques ; des journalistes entament un examen de conscience ; des généticiens s'inquiètent d'être des apprentis sorciers ; des écologistes nous font répondre de la nature alentour ; et le père qui porte en ses bras son dernier-né l'éprouve dans sa chair comme la mère en ses entrailles.

Nous commençons à vivre le *temps des responsables.* C'est une chose de le dire, c'est autre chose d'en examiner le contenu. Mais nous tenons sans doute, avec cette intuition, l'expression d'une tension nouvelle où se mêlent un devoir reconnu comme tel et des situations locales de grandes variétés. La responsabilité devient aujourd'hui le « mot » du sens commun moral. Car c'est d'abord un mot, avant d'être un concept validé. Un mot ambigu, gangrené à la fois par des fatras métaphysiques et par des jeux de pouvoir qui l'hypothèquent. Il pourrait n'être qu'un maître mot dont la présence serait provisoirement obligatoire, de ces tics de langage qui s'incrustent dans nos phrases.

Mais ce n'est pas un hasard historique. De profondes transformations ont affecté notre monde et notre société. Sans en faire l'inventaire, nous pouvons évoquer l'incertitude et la complexité qui les caractérisent. Dans des sociétés où domine la tradition, les repères sont fixes et déterminés. La hiérarchie impose ses références. C'est aussi vrai dans la famille que dans l'entreprise. Le remue-ménage général auquel nous sommes confrontés nous place soudainement dans des situations nouvelles, imprévues, non codifiées. Le discours moral séculaire s'est écroulé avec ce qui le fondait plus en fait qu'en droit. Les devoirs qui vont de soi, indiscutés, ont perdu leur efficace. Les missions d'intérêt général sont perturbées par les impératifs de la concurrence. Le présentateur du journal télévisé qui se faisait une certaine idée de son métier connaît la contrainte de l'audimat. Les parents divorcés improvisent des attitudes nouvelles face à leurs enfants qu'ils craignent de voir déchirés. Les hommes politiques peinent à établir le départ entre ce qu'ils doivent faire et ce qu'ils peuvent communiquer. Les enseignants sont confrontés à des problèmes sociaux que la sélection scolaire leur épargnait jusqu'alors. Le citoyen qui croyait en la technique la juge prête à torturer la nature et à s'emballer dans les manipulations génétiques. La plupart des acteurs de notre société cherchent de nouvelles références à l'heure où les anciennes sont devenues inefficaces, surannées ou exotiques. L'instabilité et les changements perturbent tous les devoirs que les générations se transmettaient.

Dès lors, si notre conscience ne se contente ni d'une inopérante nostalgie ni d'un laisser-aller un peu niais, elle se trouve dans la nécessité de chercher de nouvelles formulations de son problème moral. Plus l'avenir est incertain, plus les certitudes y prennent poids. Plus l'élément de nos actions devient complexe, plus la simplicité de nos devoirs est impérative. Les turbulences que nous traversons définissent de nouveaux espaces de liberté. Nous pourrions les laisser déserts. Ils resteraient inoccupés, soumis au seul jeu des antagonismes que suggère un paradigme économique triomphant. Mais la conscience morale a peur du vide, ou du moins elle ne s'en satisfait pas. Quand le monde se dérègle ou, comme on dit aujourd'hui, se dérégule, la conscience dispose de ses impératifs dont elle varie les formulations au fil du temps. Il lui reste ce désir de maîtrise qui fait sa grandeur, voire sa transcendance. Elle oppose sa certitude d'être face à l'incertitude des objets. Elle impose la simplicité du concept à la complexité des maillages et des réseaux. Tel est le sens de la responsabilité aujourd'hui : oui, le monde est incertain ; oui, les causalités sont complexes ; oui, nous avons perdu nos repères, mais la conscience morale dispose d'une force suffisante pour affirmer son existence. La conscience morale ne colle jamais au monde. Le devoir-être n'est pas l'être. Les espaces de liberté sont aussi des territoires nouveaux, des terres inconnues qu'il faut conquérir, des pouvoirs à prendre à la face des hommes et des devoirs inédits qu'ils s'imposent au cœur de tensions inouïes.

Dans les convergences qui s'expriment sur la notion de responsabilité, le pessimiste — immoraliste — ne verra que la confusion sur un mot. Il saisira quelques abus pour dénigrer une intuition nouvelle. Il dénoncera des manipulations pour soupçonner. Il pointera des convergences contre nature pour réitérer le « coup » de l'idéologie dominante.

Nous devons passer du mot au concept. A charge pour nous de l'analyser, de le débarrasser de sédiments multiples, de parasites idéologiques, pour en faire un concept opératoire de notre temps. Son allure est assez *formaliste* pour qu'il s'adapte aux situations les plus diverses. Son gréement montre assez d'*exigence* pour qu'il réhabilite le devoir. Son intelligence est assez *simple* pour qu'il soit accessible. Son abord est assez *commun* pour qu'il entre dans des pratiques. Il a surtout le mérite d'évacuer ces mille petits lutins qui nous mettent à distance de nos actions en nous persuadant qu'elles ne dépendent pas de notre conscience. Comme si nous n'étions qu'un lieu de passage pour des séries causales étrangères à nous-mêmes ; comme si nous ne pouvions revendiquer d'être cause à part entière, commencement de séries dont nous voulons répondre, quels que soient les jeux confus qui les précèdent en deçà de nous-mêmes.

Une fois le but fixé, deux voies restent possibles : ou nous examinons les usages du mot pour y retrouver l'essence du concept ; ou nous examinons l'essence du concept pour fonder les usages du mot. La première voie commencerait par un voyage dans les mondes où s'aperçoit cette intuition nouvelle de la responsabilité. La seconde débuterait par un débroussaillage du concept pour en mesurer les enjeux. Nous avons choisi la seconde qui permet de mieux distinguer usages et mésusages. Elle est plus abstraite mais permet plus de précision dans les applications pratiques. On pourra toutefois procéder à l'inverse, suivant le dépaysement ou la familiarité que l'on désire. Mais après tout, il s'agit de s'entendre. C'est difficile quand la responsabilité est partout murmurée. La première tâche est de l'articuler, c'est-à-dire de l'énoncer clairement pour qu'elle se conçoive bien. Il ne faut pas renoncer et tirer prétexte d'un usage abusif pour jeter le discrédit sur ce qu'exprime le sens commun moral. La communication, institutionnalisée, produit toujours des bâtards et des monstres. Toute expression du sens commun moral peut être manipulée puis tournée en dérision par les sceptiques et les pessimistes. Le même jeu existe autour de la morale elle-même. Peu importent ces avatars : le rôle du philosophe n'est pas de condamner pour un mauvais pas, il est au contraire de tirer le parti le meilleur d'une expression qui peut être parfois maladroite.

Telle est l'efficace de l'analyse conceptuelle : dans le maquis des ingrédients et des usages, elle doit saisir ceux qui nous permettront d'inaugurer une nouvelle référence en séparant, au cœur même de la responsabilité, le bon grain et l'ivraie. C'est une tâche modeste, mais c'est une tentative pacifiante : souvent les désaccords des hommes viennent du fait qu'ils ne s'entendent pas sur les mots. Ils ne s'entendent pas, au sens propre. La responsabilité du philosophe n'est pas de les compliquer par des néologismes ségrégationnistes, mais de les simplifier par l'exercice même de la pensée. Et si la responsabilité n'est pas un mot de philosophe, elle le concerne comme tout homme, dans son élément spécifique ; modeste exercice d'une pensée consciente du fait qu'elle ne produit pas tout.

Il convient donc de développer le concept pour voir en quoi il constitue la référence morale de notre temps. Mais le développement du concept mérite d'être confronté à des usages dont il est déjà l'objet croissant au sein même de notre société, dans quelques lieux où les hommes agissent et cherchent des repères. Et de ces balbutiements encourageants nous déduirons que notre temps ne peut se passer d'une éducation, dans l'école comme dans la famille, qui conforte en nous cette intuition morale.

II

LA RESPONSABILITÉ COMME RÉFÉRENCE

Lexique

Le mot est du langage usuel, ce qui est avantage et inconvénient. D'un côté, il ne relève pas d'un jargon particulier qui heurte le sens commun ; d'un autre, ses usages multiples lui donnent des connotations parfois contradictoires.

Pour chercher l'essentiel, nous devons d'abord l'envisager dans sa forme même. Le mot *responsable* évoque la réponse, et son suffixe la capacité ; être responsable signifie littéralement « être capable de répondre ». La réponse est toujours un *acte second* qui suit une question. Elle résout un problème, donne une solution, satisfait un questionneur. Mais il y a loin du responsable au répondeur. Ce dernier peut être automatique et d'un mécanisme désagréable : le message est enregistré et s'énonce avant le bip sonore. Le responsable peut donc répondre, pourrait répondre si on le questionnait. Une réponse incomplète amène d'autres questions ; toutes se formulent avec la question « Qui ? » sans qu'on ait souvent développé la question « Qu'est-ce que ? ».

De cette carence se déduit une première ambiguïté qu'il

faut lever. La recherche des responsables est éminemment soupçonnable. Elle s'inscrit dans un processus qui tient à la fois de l'enquête judiciaire, de la fabrication et du bouc émissaire. C'est pourquoi le responsable est fréquemment identifié au coupable : il n'existe entre eux que la distance d'une décision de justice. Quand on recherche un responsable, on signifie qu'il se dérobe, qu'il se cache. Première dérive du mot qui affecte le concept : le responsable est souvent associé à une erreur, à une faute, ou à un crime. D'un côté on impute, on accuse, on charge. De l'autre on fuit, on se défausse, on se défend. Ainsi la notion de responsabilité renvoie-t-elle au doigt qui désigne. Un torrent sort de son lit pour emporter des hommes et des femmes, des caravanes et des ponts ; du sang contaminé extermine les hémophiles ; un Airbus s'écrase sur le mont Sainte-Odile ; un ancien Premier ministre se suicide en bordure de canal : QUI SONT LES RESPONSABLES ? titre la presse à chaque catastrophe.

Sans développer ni retenir l'aspect expiatoire que prennent de telles enquêtes, nous pouvons en déduire un élément structurel du concept : la notion de responsabilité enveloppe l'idée d'une relation de cause à effet, entre un agent et ses actes — qu'il s'agisse d'actes effectifs comme d'actes de parole ou d'écriture. La série causale peut être plus ou moins longue : elle peut croiser d'autres séries qui ne dépendent pas de nous, d'ordre physique ou météorologique. Mais quelle que soit la distance, un homme, acteur, est identifié comme agent. Il convient de prendre cette relation dans sa neutralité, même si la question « Qui ? » connaît plus souvent la version « A cause de qui ? » que « Grâce à qui ? ». En son concept même, seule la culpabilité concerne l'imputation d'une faute. On explique aisément la raison de cette dérive péjorative : le responsable n'est pas à rechercher quand la causalité le met en valeur, car alors il se met en avant et s'expose facilement, tandis qu'il se cache quand elle le discrédite.

L'impact du droit

La responsabilité n'est pas née dans la philosophie ; elle est issue du droit et reste encore très souvent marquée par cette origine. Ainsi lui doit-on cette dimension essentielle de la *réponse*. Et même s'il faut aujourd'hui s'affranchir des connotations essentielles que le droit donne au concept, le détour est nécessaire car les débats qui animent les théoriciens du droit depuis plus d'un siècle tournent autour de questions décisives.

De rudes polémiques ont porté sur le fondement de la responsabilité. Dans la mesure où le droit civil, confronté à de nouvelles situations — notamment les accidents du travail et les accidents de la circulation —, a tenté de dépasser la *faute* qui seule fondait la responsabilité. C'est la faute qui marque les rédactions générales des fameux articles 1383 et 1384 du Code civil : « Chacun est responsable du dommage qu'il a causé non seulement par son fait, mais encore par sa négligence ou par son imprudence » ; « On est responsable non seulement du dommage que l'on cause par son propre fait, mais encore de celui qui est causé par le fait des personnes dont on doit répondre, ou des choses qu'on a sous sa garde ». Ces articles ont entraîné une jurisprudence complexe ; ils ont par ailleurs fait l'objet de réflexions fondamentales et de débats essentiels à notre conception du droit. Depuis le XIXe siècle se succèdent les tenants de la *faute* et ceux du *risque* comme fondements de la responsabilité civile. En l'espèce, ce sont les nouveaux accidents (du travail et de la circulation) qui ont donné leurs meilleurs arguments à la thèse du risque. Autrement dit, on peut être tenu pour responsable sans être en faute. Sans résumer la complexité de ces débats, nous pouvons relever deux arguments contradictoires qui sont significatifs. Les partisans de la *faute* craignent qu'une responsabilité fondée sur le risque ne pousse les hommes à l'immobilité, car selon Marcel Planol « il n'est pas un seul de nos actes, même inoffensif en apparence, qui ne puisse être ensuite pour quelqu'un à l'origine d'un malheur ». De leur côté, les partisans du risque sont soucieux de l'indemnisation des victimes et pensent que la restriction de la responsabilité à la faute les lèse gravement tant que preuve n'est pas faite de cette faute.

On déduira de ce débat deux conclusions essentielles : en premier lieu, avec le temps, le droit a procédé à un élargissement de la notion de responsabilité qui n'est pas sans effets sur notre système d'assurance ; en second lieu, toutes les évolutions du droit ont eu pour but l'indemnisation des victimes. Par des coups de force successifs, le droit s'est employé à éviter que la victime d'un dommage ne soit pas dédommagée. Le but est toujours de faire payer quelqu'un, une personne physique ou une personne morale. Ainsi le droit tend-il à considérer toute action entreprise comme un risque que court l'individu, dans la mesure où toute action peut représenter un risque pour autrui. Au fil de la série causale qu'entraîne une action humaine ou que produisent des objets animés ou inanimés dont un homme a la propriété, il peut toujours y avoir dommage pour autrui.

Dans cette évolution, le droit met l'accent à la fois sur l'*indemnisation* et sur la notion de *causalité*. Peu importe qu'une personne soit moralement responsable, elle est en cause si elle est cause, de près ou de loin. L'homme doit répondre de son pot de fleurs, de son mur mitoyen, comme de sa petite fille ou de son véhicule. Le souci moral de voir la victime n'être pas dans le dénuement retire toute dimension morale à la responsabilité juridique.

Il faut en effet se méfier de cette acception juridique, tant elle peut troubler l'intelligence du concept. Des professions entières et certaines fonctions travaillent aujourd'hui dans la hantise de la responsabilité. Les développements de la chicane aux États-Unis nous ont aujourd'hui rejoints. Le problème moral en est totalement faussé. Le responsable se réduit alors à l'homme qui va devoir payer une faute ou un préjudice. Il s'agit bien de faire payer, au sens propre. La responsabilité perd sa dimension morale et le vainqueur est celui qui est doté du meilleur avocat.

Une telle dérive s'est naturellement accentuée par l'importance qu'a prise dans notre société le phénomène de l'assurance. Entre droit et mathématiques, les assureurs ont codifié la responsabilité. Ils en ont fait un métier. D'une part leur usage du concept n'a plus rien de moral ; d'autre part l'assurance tend à nous faire oublier la notion même de notre responsabilité. Quelqu'un paie pour nous. En étant assurés tous risques nous pouvons faire subir n'importe quel dommage sans en intégrer les conséquences. La responsabilité se réduit à des procédures et la désignation du responsable, amiable ou contentieuse, se fait en dehors de nous. A tel point que l'homme responsable, serait-on tenté de dire, est celui qui s'assure. Sans doute faudrait-il distinguer ici entre l'homme qui prend une assurance-vie pour garantir l'avenir de sa famille, l'individu qui veut sauvegarder ses biens contre les agressions des éléments et des hommes, et celui qui se garantit contre tous les dommages qu'il cause par ses actions.

Avec l'assurance, on se couvre. On essaie d'échapper aux mécanismes de sanction, aux conséquences du droit, dans le cadre même du droit. Autrement dit, l'assurance concerne l'acception juridique ; elle ne garantit jamais la conscience morale. Mais elle peut agir sur elle en encourageant la négligence ou l'indifférence. Tel est le cas chez les hommes qui n'évaluent leur responsabilité qu'en fonction du pouvoir qu'elle représente ou de son monnayage. L'assurance efface la faute et le risque dans leurs dimensions de réparation ; elle évite de payer. Quelqu'un d'autre paie pour nous. Mais après tout, tel n'est pas l'essentiel de la morale.

En effet, en se préoccupant du dommage et de sa réparation, le droit ne développe qu'un concept négatif de la responsabilité. Être responsable se réduit à être la cause d'un dommage pour autrui. Autrui n'est envisagé que blessé, lésé, victime, occis, souffrant, atteint dans sa chair ou dans ses biens. De ce fait, les avocats, les compagnies d'assurances, les personnes physiques passent leur temps à tenter de se défausser ou à rejeter la responsabilité sur autrui, au pis à la partager.

Nous sommes donc très loin du concept moral de la responsabilité, qui au lieu d'être fuie demande à être revendiquée. D'abord parce que, dans ce concept, le visage d'autrui n'est pas d'emblée défiguré par la blessure ou la vindicte. Ensuite parce que l'évaluation d'une responsabilité n'y est plus monnayable. Enfin parce que le visage d'autrui est une instance qui détermine notre propre responsabilité beaucoup plus qu'elle ne la juge. Certes autrui peut la formuler, voire la déclarer dans l'espace public. Mais, seuls, l'intimité de la conscience ou quelque juge divin qui sonde les reins et les cœurs peuvent être justes. Même si la responsabilité morale se situe toujours, implicitement ou explicitement, devant le visage de l'Autre, ce dernier n'est ni un juge ni un enfer : il est cette confrontation qui nous permet de sortir de notre sphère purement locale, celle dans laquelle nous agissons dans le seul souci de l'efficacité.

On peut conclure ces remarques sur les effets de l'assurance par la conviction qu'il existe un symptôme décisif susceptible de démarquer les acceptions du droit civil et de la moralité : quand la responsabilité est de nature morale, il est impossible de l'assurer. L'assurance ne concerne que la responsabilité civile : elle voit ses produits se multiplier pour garantir des actes ou leurs effets ; elle ne dispose d'aucun produit nouveau pour la responsabilité morale. Ce symptôme ne prend pas seulement sens dans la mesure où la conscience serait l'instance ultime qui produirait du remords. Dans la responsabilité, conçue comme la référence de la moralité, nous sortons du domaine de la seule imputation d'une faute ou plus généralement d'une causalité. La moralité n'est jamais strictement professionnelle, elle n'est pas l'affaire de spécialistes qui pourraient prévoir toutes les attaques possibles dans l'instance judiciaire. Le visage de l'Autre n'a ni l'air, ni le ton, ni le discours d'un procureur. Il est ailleurs, toujours ailleurs. L'Autre est cet ailleurs auquel je dois confronter des actes dont toute ma profession pourrait parfaitement m'exonérer.

Le concept moral de la responsabilité

Ce complexe mélange des dimensions sociales et morales perturbe nos analyses de la responsabilité. Ne serait-elle pas dans certains cas un simple élément de sociabilité, une forme nouvelle de la contrainte sociale ? Réduite à un levier facilement utilisable pour ajouter à la contrainte de performance une exigence morale dont elle dépendrait en fait.

Mais nous avons là même l'expression de ces tensions qui fondent la morale et justifient le sens commun moral. Constater que le mot « responsabilité » apparaît dans de nombreux discours n'est pas l'enregistrer dans les actes. Sous le double effet de l'absence d'un discours moral et d'une dilution des responsabilités apparaît cette tension qui est aussi une exigence nouvelle. Parce que, précisément, la responsabilité enveloppe l'idée d'un devoir, sa constitution en référence pallie deux manques patents.

Mais que reste-t-il de cette idée de réponse ? Elle ne saurait se réduire à l'interrogatoire dans l'enquête susdite. Le responsable répond de ses actes. L'acte une fois produit développe deux types de séries causales qui divergent très vite. Un premier type concerne l'ensemble des conséquences qui partent en faisceau d'un acte qui remue un milieu. Certains effets sont dits pervers s'ils contredisent l'intention, mais ils relèvent de ce type. Notre vue est souvent courte et nous mesurons mal jusqu'où s'enchaînent les causes et leurs effets devenus causes à leur tour. Nous pourrions nommer ce premier type l'*efficace*. D'où une gradation des responsabilités : sera dit plus responsable l'homme qui voit le plus loin, capable d'agir en fonction des effets prévisibles. Un homme peut tuer, l'arme à la main ; il peut aussi tuer par ricochets successifs en multipliant les maillons pour dissimuler sa responsabilité, ce qui se dit des bonnes comme des mauvaises actions.

Un second type concerne tous les discours qu'engendrent nos actes, soit dans leur premier moment — l'acte immédiat —, soit tout au long des chaînes que constituent les séries causales. Ces discours questionnent pour imputer tel événement situé au croisement de séries initiées par des acteurs divers. Ces discours remontent à contre-courant, des effets aux causes pour parvenir à la cause première. Nous nommerons ce second type l'*imputation*.

Toute notion de responsabilité se situe dans le recouvrement de ces deux aspects, l'efficace et l'imputation. L'être responsable est cet être qui devient capable d'articuler les deux types, c'est-à-dire qui développe l'action *efficace* comme si chaque maillon des séries causales pouvait lui être *imputé*. Certes, il sait bien que tout ne dépend pas de lui, mais il tient obstinément à penser, à connaître et à reconnaître sa part dans les événements qui, sans lui, n'auraient pu advenir. A strictement parler, l'homme responsable n'est pas seulement celui qui *peut* répondre, c'est celui qui agit en pensant qu'il *devra* répondre et qui donc *veut* répondre.

C'est pourquoi la notion de *réponse* est comme la *causalité* essentielle au concept. La responsabilité consiste toujours à répondre oui quand les causalités apparaissent. Oui, comme si autrui nous interrogeait, même s'il est absent, même si sa question est improbable. L'homme responsable répond toujours comme s'il l'avait fait *exprès*. L'enfant dit le contraire et c'est bien naturel : « Je ne l'ai pas fait exprès. » La réponse est expresse, c'est-à-dire rapide et explicite, quelque grande que soit la distance entre l'acte initial et la conséquence imputée.

Dans la responsabilité se manifeste une double volonté : voir le plus loin possible et répondre de cet éloignement même. Il est certain que, dans un certain nombre de cas, la vue ne peut aller jusqu'au bout des conséquences. Les décisions ont des effets de chaîne qui perdurent dans le temps et dont on peut quelquefois n'avoir pas même l'idée. On nomme cela la *complexité*. C'est vrai : plus les effets se font sentir dans le temps, plus nos décisions en croisent d'autres, individuelles, collectives ou institutionnelles. Nous n'avons plus qu'une part de responsabilité. Mais peu importe cette limite. On ne peut baisser les bras en arguant de notre imparfaite prévision. Tel est le lot de toute action humaine. La responsabilité marque un souci ; elle est avant tout *diligence*.

Il faut nécessairement en conclure que notre responsabilité ne porte pas seulement sur notre acte en tant qu'il développerait seul ses propres conséquences. Dès qu'il est question de responsabilité, autrui est présent. Si je suis responsable, je ne peux me contenter d'une inertie idéale de mes actes, d'un mouvement rectiligne uniforme ; je dois m'efforcer de penser les interactions probables avec autrui et avec les actes d'autrui. C'est pourquoi la notion de responsabilité est immédiatement intersubjective. Elle ne peut s'élaborer dans un solipsisme irréaliste. L'intersubjectivité va de pair avec son universalité et son formalisme.

Le danger qui menace immédiatement le concept de responsabilité serait un élitisme incompatible avec sa vocation morale, c'est-à-dire contradictoire avec l'idée même d'un sens commun moral. En effet, dans la mesure où la responsabilité implique une connaissance, l'ignorance pourrait effectivement être la mère du vice et la moralité se distribuer en fonction du savoir. Nous retomberions alors dans les apories de la philosophie classique : si la moralité se déduisait du savoir, elle serait l'apanage des savants.

Cette objection, très forte au regard de l'ambition morale, tombe de par l'essence même de la responsabilité. Dans notre monde, les responsabilités sont inégalement distribuées. La relation à la pratique différencie non pas les qualités mais les enjeux de responsabilité. Chaque homme a des responsabilités qui lui sont propres. Elles dépendent étroitement de son territoire, c'est-à-dire de son pouvoir. Sans avoir le même contenu que l'acception juridique qui aura toujours pour but d'imputer une faute, la responsabilité est souvent à la mesure de notre ambition. Quand on parle de *prendre* des responsabilités, on signifie bien qu'elles ne sont pas immédiatement données.

Cette remarque n'introduit pas une inégalité dans la morale, elle peut seulement constater le fait que les devoirs varient selon les hommes. Après tout, puisque nous partions de l'exemple du nourrisson, tous les hommes et femmes ne font pas des enfants : c'est là une responsabilité spécifique qui n'est pas partagée par tous. Mais face à l'enfant, tous sont identiques au regard de la responsabilité qu'ils se doivent d'accepter.

Il existe des responsabilités communes dans leurs structures : ainsi la plupart de nos responsabilités découlent de nos relations avec autrui. Même quand autrui n'est pas immédiatement perceptible ni envisageable, nous savons que nous vivons dans un monde où la plupart de nos actes ont des effets, fussent-ils infinitésimaux. Nous sommes reliés aux autres que nous le voulions ou non ; quand nous nous déplaçons dans la rue, une myriade de filins nous rattachent à d'autres hommes sur lesquels nous agissons peu ou prou. Le papier gras que je jette sur un trottoir est une négation de ma responsabilité et en même temps je peux être dit responsable de la dégradation de notre environnement. Je n'ai pas agi par devoir, j'ai agi par négligence.

Il faut donc distinguer entre les liens dans lesquels nous sommes insérés malgré nous et ceux que nous choisissons d'assumer. Des responsabilités s'imposent à nous, d'autres sont désirables et désirées parce qu'elles découlent d'un pouvoir ou d'une position. L'essence morale du concept demeure identique. Artificiel ou naturel, le pouvoir n'est plus jamais absolu dans nos sociétés. On peut feindre de l'ignorer ou en déduire des devoirs apparents qui ne font que renforcer le pouvoir obtenu. Tel est le cas des journalistes qui ajoutent à leur pouvoir un prétendu « devoir d'informer » pour esquiver leur responsabilité. Dans la république et dans le meilleur sens de notre démocratie, le pouvoir se paie toujours en responsabilités. Qui désire l'un doit l'autre. C'est pourquoi la responsabilité n'est pas uniforme : elle s'adapte aux circonstances et aux situations. L'homme n'est plus jamais seul.

Une responsabilité sans postulat métaphysique

L'*efficace* et la *réponse* nous permettent d'évacuer la plupart des problèmes soulevés par la métaphysique ou les sciences humaines. En effet la responsabilité ne concerne que les séries causales, enchaînées aux actes que nous effectuons. Elle est hétérogène à l'ensemble des processus déterminés qui pourraient y mener. La morale s'est longtemps débattue avec des raccourcis freudiens ou sociologiques qui court-circuitaient la conscience. Des séries causales en moi s'embrancheraient directement aux actions efficaces issues de moi, comme si, dénué de conscience, je n'étais que transition, lieu de passage ; circuits de réseaux objectivables. Il suffisait de postuler l'absence de liberté pour nier toute possibilité de l'action morale elle-même. Tout se passe en moi puis vers le dehors de moi, sans que rien dépende de moi.

Or la responsabilité tourne la difficulté. Certes elle ne peut contrarier les préjugés du destin ou du déterminisme absolu — qui d'ailleurs devraient faire cesser d'écrire tous ceux qui les partagent —, mais elle se situe dans la relation de la conscience et de l'acte et non en amont. Elle reconnaît cette intime relation qui unit l'homme à son acte singulier, puis ses efficaces diverses à des degrés variables. A la question « Qui ? » je peux répondre « C'est moi ». C'est la double possibilité de la question et de la réponse que je dois toujours considérer. Être responsable, c'est agir comme si la question pouvait toujours être posée et comme si l'on devait toujours y répondre.

« Être homme, c'est être responsable », répète-t-on quelquefois après certains métaphysiciens. La formule est ambiguë. Elle peut désigner l'être comme le devoir-être, un constat comme un objectif. Sa généralité la discrédite car elle se situe sur un terrain métaphysique qui l'associe plus volontiers à la liberté abstraite qu'à la responsabilité concrète. Seul importe ce que signifie, ici et maintenant, le fait d'être responsable. Si la responsabilité est donnée, innée, immédiate, elle ne peut envelopper aucune dimension morale. La responsabilité se prend, se gagne, se conquiert. Elle n'est au mieux, pour commencer, qu'une possibilité. Être homme, ce pourrait aussi être irresponsable.

La responsabilité est affectée par la dimension morale que nous lui reconnaissons aujourd'hui. Elle n'est ni un *a priori* métaphysique — elle s'identifierait alors à la pure affirmation d'une liberté humaine, résumée dans l'idée que l'existence précède l'essence —, ni le simple constat d'un pouvoir indifférencié.

Responsabilité et pouvoir

Un danger majeur menace le concept de la responsabilité : l'association du mot à l'occupation d'un pouvoir. Dans la langue commune, je sais distinguer la différence entre « être responsable » et « être *un* responsable ». Dans cette différence d'usage, l'adjectif n'est pas seulement substantivé. Nous passons d'un prédicat moral au constat d'un pouvoir, d'un jugement normatif à un jugement positif.

La locution « être un responsable » fait prendre de la hauteur : on *accède* ainsi à des responsabilités, on est *promu* à un poste de responsabilité. Le responsable est en haut, il dirige, commande. Son pouvoir est socialement reconnu, qu'il soit responsable politique ou d'entreprise.

De cet usage particulier, nous pouvons tirer deux enseignements. D'une part une précaution : la responsabilité ne peut être un repère moral que si elle échappe à cet élitisme du pouvoir. La ségrégation est incompatible avec tout sens commun moral. D'autre part, cette assimilation recouvre bien un ingrédient essentiel du concept de la responsabilité : l'aveu d'un pouvoir. Ce même aveu nous permettait d'échapper aux palinodies de la métaphysique. Il revient effectivement à reconnaître que nous pouvons faire quelque chose et qu'il existe une certaine maîtrise des séries causales que nous mettons en branle.

Mais plus encore, nous devons reconnaître que la responsabilité s'exprime de façon particulièrement vive dans une relation hiérarchique, quand nous disposons d'un pouvoir sur autrui. L'exemple de l'enfant le montre assez bien. Ce pouvoir est créateur de responsabilités multiples : c'est aussi vrai pour les parents que pour le chef politique, ou le médecin, ou le journaliste. Dans notre société, plus un pouvoir est reconnu, plus sa responsabilité est exigée. Et elle l'est d'autant plus qu'il existe une certaine réversibilité : chaque homme, dans toute sa durée de vie, passe à travers des territoires où d'autres ont pouvoir sur lui tandis qu'à d'autres moments — et quelquefois en même temps — il a pouvoir sur d'autres hommes.

Autrement dit, même si les responsabilités sont inégales, dans le temps et l'espace, nous changeons sans cesse de statut. Chaque situation nous fait vivement pressentir les enjeux de la responsabilité. Le sens commun moral puise dans ces réciprocités, toutes dissymétriques qu'elles sont, la conviction d'une référence commune. Chaque potentat a été nourrisson et, dans les espaces et les vicissitudes qu'il traverse — une maladie, un voyage en avion, etc. —, il sait le prix qui s'attache à la responsabilité de ceux qui le dominent ici ou là.

L'irresponsable et le non-responsable

Le concept est encore parasité par le mot qui lui semble contraire et qui toujours résonne comme une accusation : *irresponsable.* Le langage commun le pressent : si je ne suis pas responsable d'un événement, j'en resterai à cette négation formulée : « je ne suis pas responsable », sans me dire pour autant irresponsable. L'irresponsable ne répond plus, ne répond de rien : on déconnecte de lui toutes les causalités tant il a perdu la conscience de la relation entre son acte et ses effets possibles, tant il est devenu incapable d'entendre une question qui lui est posée.

L'irresponsable se situe du côté d'un problème métaphysique qui porte sur la liberté de l'homme. Il est dans la négation absolue de toute relation. Il n'existe d'ailleurs pas de verbe, dans la langue française, qui lui corresponde. On peut déresponsabiliser, voire être déresponsabilisé, jamais irresponsabiliser, ni être irresponsabilisé. L'irresponsable est acquitté ou soigné. Ce n'est plus une circonstance atténuante, c'est l'absence de toute circonstance.

Ainsi, quand on dit d'un homme qui joue sa fortune sans souci de ses proches qui en ont le besoin ou néglige ses enfants pour un amour éphémère qu'il agit de façon *irresponsable*, on veut simplement dire que tout se passe comme si cet homme était dénué de conscience. Hans Jonas souligne même qu'un tel homme est d'une certaine façon *responsable* de son *irresponsabilité.* La confusion vient encore du vocabulaire juridique : la déclaration d'irresponsabilité atténue la faute ou le crime. Mais la morale n'entre pas dans ces considérations. Elle ne cherche pas à accuser autrui, ni à le condamner. Elle indique des devoirs qui se déduisent de la responsabilité de chacun. Elle ne saurait affirmer que tout être agit moralement, mais elle est bien impuissante dans ses évaluations. C'est le rôle de la loi, dans des cas déterminés et répertoriés. La tâche d'une philosophie morale est de donner des repères pour l'action, elle n'est pas de rédiger des plaidoiries. Le rôle du procureur est tenu par d'autres.

Les paradoxes du concept

La spéculation sur le mot fait donc apparaître une curieuse situation. Dans ses acceptions les plus courantes, visibles à la barre ou à la manchette, la responsabilité concerne une erreur, une faute ou un crime. Dans son sens le plus littéral, elle est strictement neutre, puisqu'elle renvoie à des séries causales et à des réponses qui ne disent rien du contenu des actions en cause. Et pourtant, dans le sens commun moral, la responsabilité devient une valeur positive, un repère nouveau. Cette évolution n'est pas chronologique ni même historique. Ces trois positions nous imposent une recherche précise de ce qui peut promouvoir dans la morale, comme concept, un mot qui connaît de tels avatars. Il ne suffit pas d'évoquer différents sens ou divers contextes. Même si l'on comprend le sens d'une recherche des responsables souvent associée à de mauvaises actions, il est plus difficile d'opérer le passage de la neutralité à la moralité, du sens indifférent de l'action à sa valorisation.

Pourtant cette situation n'est que le tribut payé au formalisme nécessaire de toute morale. La précision de son contenu en limiterait l'extension. La solution de cette énigme est nécessaire car il faut rendre compte de cette intuition du sens commun moral sans vouloir la réfuter *a priori* dans un geste méprisant.

On peut résoudre cette question en constatant à quel point les ingrédients du concept font système. Reprenons-les tels que nous les avons jusqu'ici relevés : *pouvoir, causalité, réponse, efficace*. Ils s'intègrent dans une totalité harmonieuse quand le concept de devoir opère une synthèse. Les usages contradictoires ne s'expliquent que par l'insertion du concept de responsabilité dans un discours moral, c'est-à-dire dans un discours qui ne peut faire l'économie du concept de devoir. Sans ce dernier, l'ensemble est descriptif : il désigne des réalités contradictoires. Par la médiation du devoir, la responsabilité prend tout son sens et s'offre comme un nouveau repère. Certes on n'évacuera pas de sitôt ses usages pervers et ses manipulations de tous ordres. Il est rare qu'une notion prenne un sens unique ou indique des sens interdits, dès lors qu'elle fait partie d'un patrimoine linguistique commun. Mais chaque usage, même critiqué, peut aussi s'interpréter à l'aune du nouveau repère dicible dans un discours moral. Chacun peut tirer la couverture à soi : la quête des responsables peut être un avatar de cette morale haineuse dont nous ne voulons plus. Elle n'en perd pas néanmoins le sens même de notre exigence morale ; elle garde simplement les traces de tout un discours judiciaire qui relève du Code pénal comme du Code civil et qui fait de la responsabilité l'antichambre de la culpabilité. Sa dimension morale n'efface pas ses usages judiciaires ou médiatiques.

Objection : l'« argument du mirador »

La responsabilité peut être l'objet d'une forte contradiction. C'est l'envers d'un endroit ; le prix à payer pour son formalisme nécessaire. En effet, le concept n'enveloppe pas une définition du contenu des actes. La tendance naturelle de la responsabilité à s'identifier au pouvoir détenu est lourde d'ambiguïtés. Après tout, dira-t-on, être responsable ne dit rien sur ce dont on est responsable. Ainsi le mafieux peut-il être responsable d'une opération criminelle, le SS d'un stalag maudit ou le ministre d'une contamination. Dès lors, en quoi conviendrait-il de valoriser une notion qui permettrait de couvrir les pires abominations ? Ou encore : le caractère local et très concret de toute responsabilité ne l'enferme-t-elle pas dans des exigences qui n'ont plus aucun rapport avec la moralité ? Ou encore : la responsabilité ne se réduit-elle pas à une utilité sociale, à un désir d'efficacité qui s'en viendrait rejoindre les pires éthiques utilitaires ? D'ailleurs on sait bien que la responsabilité paie puisque notre société rémunère avantageusement les hommes dont elle dit qu'ils sont des responsables.

Ces objections ne sont pas dérisoires. Elles imposent et permettent un cadrage plus précis du concept. Elles indiquent les conditions précises dans lesquelles la responsabilité peut être une référence morale : en effet, l'usage commun du mot est un facteur de confusion quand il faut veiller à la clarté des formulations de la moralité. Il faut sauvegarder l'intégrité du concept : en isolant un de ses ingrédients, on le pervertit dans son essence même.

Or, dans tous ces cas, on tend à faire abstraction de ce qui donne au concept sa singularité morale : la réponse, ou plutôt la capacité à répondre qui devient dans l'usage moral la volonté de répondre. Ce qui reste obscur, c'est le questionneur à qui s'adresse la réponse. D'ailleurs est-ce le même qui interroge et qui entend la réponse ? C'est bien le cas dans les procédures judiciaires. Mais elles n'induisent pas nécessairement un contenu moral, comme nous l'avons vu. Dans la responsabilité, il faut comprendre que nous développons la capacité à répondre à autrui, quel qu'il soit. Certes, une responsabilité peut quelquefois nous être accordée, déléguée, confiée par un homme ou une institution particuliers. On signifie, en disant cela, qu'un pouvoir nous est accordé, délégué, confié. Dès lors, les devoirs qu'il implique peuvent être exclusivement locaux : dans les camps d'extermination, la pieuvre ou le ministère. Mais la dimension morale n'apparaît pas encore. La moralité ne s'identifie jamais au seul pouvoir. Elle ne prend corps que dans la réponse que nous sommes capables de donner à autrui, quel qu'il soit, c'est-à-dire à tous les hommes. Autrui n'est pas l'homme de loi. Autrui est une conscience, comme la mienne. Autrement dit, mon action ne devient moralement évaluable que si, et seulement si, je suis capable de répondre à tous les hommes de ces actes. Ma responsabilité ne consiste pas seulement à répondre à cet homme qui me confie un pouvoir dans l'espérance de me voir accomplir correctement ma mission. Cette réponse locale correspond au devoir que j'ai reconnu en prenant cette responsabilité. Encore faut-il qu'il soit compatible avec la conscience d'autrui qui est en moi dès que je sollicite ma conscience morale. Il n'est pas de responsabilité qui soit seulement formelle ; encore faut-il qu'elle soit aussi universelle. C'est pourquoi la moralité s'inscrit en permanence dans ce jeu du local et de l'universel. Le responsable du camp d'extermination — l'*homme du mirador* — ne peut répondre de ses actes devant toute l'humanité. Il s'effondre en dénonçant ses chefs et en se faisant passer pour un exécutant. Il reste moralement responsable de ses crimes dont il a à répondre devant la justice.

La responsabilité ne peut donc prendre une dimension morale que si elle confronte l'homme responsable à un regard qui outrepasse les limites de son propre territoire : soit l'autre, soit l'immanence de l'autre à sa propre conscience. L'homme du mirador ne peut simplement dire qu'il a effectué les actes qui correspondaient à sa propre responsabilité. Il ne peut se retrancher derrière l'idée que quelqu'un d'autre l'aurait fait à sa place, s'il avait refusé d'assumer sa responsabilité ; ni derrière celle que son refus suicidaire n'aurait rien changé. Devenu grand-père, l'homme du mirador doit cacher son rôle à ses petits-enfants ; il ne peut l'assumer comme tel. Il n'ose pas dire ce qu'il a fait. Il joue peut-être avec ses petits-enfants sur une plage française, comme le ferait n'importe quel indigène, mais il ne peut supporter le regard d'un vieux juif qu'il gardait et commandait. Certes il avait accepté une responsabilité et l'avait assumée. Mais son territoire, le camp, ne pouvait le légitimer à lui seul. Ce n'est pas la somme de ses actes eux-mêmes, dans leur horreur émotionnelle, qui enlève toute dimension morale à cette responsabilité, c'est d'abord qu'il ne puisse en répondre devant ses petits-enfants. D'ailleurs, le fait qu'il s'en disculpe devant une juridiction opportune en se cachant derrière, sous d'autres responsables plus haut placés, est un signe qui ne trompe pas. L'homme responsable ne se retourne pas pour qu'on impute ses actes à un autre. Il dit et répète : « C'est moi ! » La justice aura beau préférer les donneurs d'ordres aux exécutants, la conscience morale n'est pas moins sollicitée chez les uns que chez les autres.

On voit à l'œuvre cette distinction entre le moral et le judiciaire dans de nombreux domaines. Prenons l'exemple du petit dealer qu'on aime opposer aux gros bonnets. Moralement, la distinction qu'établit la justice ne saurait tenir. La justice remonte des effets aux causes pour essayer de traquer l'initiateur du trafic qui est aussi le plus gros profiteur. La moralité n'a pas de ces soucis. Le dealer du trottoir essaiera bien de se défausser, mais en agissant il a, comme on dit, pris ses responsabilités. Son désir de se défausser marque son incapacité à répondre de ses actes face à une conscience qui dépasse le cadre local de la bonne exécution de son deal. C'est pourquoi la responsabilité est toujours un signe : quand on ne peut ni ne veut répondre de son acte, quand on désigne un autre homme, c'est probablement que l'action était immorale. La capacité à répondre n'est pas un accident lexical, c'est l'essence même du concept qui en fait aujourd'hui une référence morale.

Cette précision nous incitera à une certaine méfiance. En effet, nous trouverons des usages du concept de responsabilité dont l'incomplétude peut retourner le sens. La responsabilité est toujours menacée par une définition étroitement locale qui, la discréditant, peut rendre confus ce repère décisif, lequel devient alors un leurre qu'il faut considérer comme tel. Faire appel au sens des responsabilités, c'est d'abord investir la responsabilité d'un sens moral ; c'est faire des devoirs les clefs de l'avenir sans qu'ils soient réduits au seul devoir d'obéissance.

Le poids de la responsabilité

La responsabilité porte à l'action. Elle est ce concept qui permet de penser la morale sans la déconnecter des actions non seulement possibles, mais réelles ; ce concept qui m'oblige à faire se dépasser ma propre intention pour y intégrer les opérations mêmes qu'elle engage. Mais elle n'est pas seulement engagée dans l'action elle-même. C'est pourquoi elle est très vite associée à la notion de négligence — ce qu'a bien vu le Code civil. Ne pas agir ou se contenter de l'ébauche d'une action relève pleinement de la responsabilité. Nous devons répondre de nos actes comme de notre inaction.

Dans l'affaire du sang contaminé par exemple, la responsabilité se voit aussi bien dans l'aval donné à des décisions imprudentes que dans l'absence de décisions importantes, voire dans l'insouciance du temps qui passe alors que des centaines d'hémophiles sont contaminés par ce temps. Plus encore, il est souvent possible de décider puis de négliger l'application des décisions.

Ainsi peut-on malheureusement organiser sa vie de façon à ne plus être capable d'assumer des responsabilités. Elles sont devenues soit contradictoires dans leurs territoires, soit incompatibles dans le temps limité qui est le lot de tout être humain. La délégation se transforme en dilution. Le responsable vit intensément dans le temps : il ne peut se contenter de l'instant, élément de la décision. C'est vrai du politique comme du chef d'entreprise. Le moment décision/communication de la décision reste superficiel, entièrement accaparé par les médiations. La responsabilité consomme du temps car elle exige un suivi. On ne peut se retrancher derrière l'idée que des décisions sont mal appliquées. L'application fait partie intégrante de toute responsabilité. Si l'on omet cette dimension essentielle, on réduit la responsabilité à une nouvelle forme de l'intériorité pure de la conscience ; alors que, justement, la force morale du concept est d'intégrer l'opération dans l'intention.

La négligence est la croix de la responsabilité. Comme l'indique son étymologie, elle rompt le lien — *neg-ligo* — qui unit l'acte premier de décider à ses conséquences. La morale *pré-occupe* : le souci de la conscience morale est d'être occupée, *à l'avance*, par les conséquences de cet acte-ci puis de cet acte-là. Et la même chose peut se dire du non-acte. Être négligent, c'est souvent ne pas aller jusqu'au bout ; c'est moralement ne pas regarder au loin. Le négligent est bien plus que l'irresponsable le contradictoire du responsable. Ce dernier envisage, donne un visage, passe par le visage d'autrui dès qu'il agit.

On veut dire par là que la morale n'est pas divertissement. Elle est toujours engagement. Il n'est pas facile de lui donner des airs toujours souriants, séduisants. La conscience morale n'est pas une conscience indifférente.

Le devoir fait grave et sérieux. Et c'est vrai : la responsabilité ne porte guère à la légèreté. La morale ne peut tout donner ; elle n'existe pas sans sacrifices. Des expressions communes telles que le « poids des responsabilités », « de lourdes responsabilités » disent assez cette gravité. On n'en peut faire l'économie. « Car, disait Saint-Exupéry, il n'est point d'ascension sans pesanteur. » Le responsable prend en charge.

La responsabilité donne du *souci*. Car à la différence de l'acception juridique, ou du mot neutre, la dimension morale nous installe de plain-pied dans le futur. Mais dès lors qu'on se réfère à quelque morale que ce soit, on ne peut être insouciant. L'acception juridique peut donner du regret ou du remords. Le sens moral concerne ce qu'il y a à faire. C'est pourquoi la responsabilité n'est pas souci par accident : elle oblige à prévoir, puisque — on l'a vu — ce n'est pas seulement cet acte-ci qui est en jeu mais tout ce qu'il entraîne, l'ensemble des séries causales qui en découlent. Et comme, en notre monde, la prévision est de plus en plus difficile, il est nécessaire que le souci accompagne toute responsabilité. Le devoir porte sur le temps et sur l'espace ; l'intention n'est bonne que dans cette perspective, même si c'est bien dans l'intention que se situe le fondement de toute moralité.

L'acte une fois accompli, l'homme responsable ne se

contente pas de cette intention ; même s'il l'a investie de toute la connaissance qu'il pouvait avoir de ses effets, il sait qu'il faut encore vérifier, pour encore mieux agir une prochaine fois. C'est pourquoi la conscience morale a quelque chose à voir avec ce qu'on appelait la « conscience professionnelle » : le travail se fait jusqu'au bout, on ne l'arrête pas en route, on regarde ce qu'il donne, ce qui résulte de son usage. Le souci de bien faire est indissociable du souci d'avoir bien fait. Et quel que soit le résultat, l'homme responsable est là pour répondre de l'échec comme de la réussite, du malheur comme du bonheur qu'il a pu engendrer. Être responsable, c'est précisément ne pas déserter une fois l'intention mise en œuvre, c'est assumer sa responsabilité, c'est-à-dire la prendre sur soi. On peut s'être trompé, avoir mal calculé ou mal prévu, mais c'est autant d'appris pour la prochaine fois. L'*indifférence* est au résultat ce que la *négligence* est à l'intention : toutes deux proscrites dans la déduction même du concept de responsabilité. Ainsi le bon médecin suit-il les effets de ses ordonnances comme le bon journaliste vérifie qu'une information n'a pas injustement lésé un homme qu'il croyait en dehors du champ de sa propre action. Les parents aussi, qui pensaient une réprimande efficace, s'inquiètent de l'abattement dans lequel ils ont pu jeter leur enfant.

Il faut donc le reconnaître : la morale est profondément *in-quiétante*. Elle n'est pas de tout repos. Elle est au contraire le mouvement même. Loin d'être inhibitrice, elle engage dans une pluralité d'actions qui vont de la réflexion à la vérification, en passant par la prévision et la validation de l'intention. C'est là aussi une grande différence par rapport au concept juridique de la responsabilité : outre qu'on ne peut jamais être *assuré* dans la sphère morale, on ne craint pas sans cesse de se voir attribuer une responsabilité inattendue. Tel était le sens de l'objection des juristes à la thèse du risque qui marque l'évolution susdite du droit : elle pousse les hommes à l'inaction. Dans la sphère morale, pour un responsable, l'inaction peut être bien plus consternante que l'action elle-même. L'affaire du sang contaminé a montré des hommes condamnés par la justice pour leurs mauvaises actions au regard du droit. Il est très probable que les responsables politiques ne le seront jamais. Le droit, la loi, les institutions embrouillent griefs et procédures. Par contre, moralement, c'est l'inaction et l'ignorance de certains politiques qui peuvent engager leur responsabilité, plus que des actions difficilement assignables. Le pouvoir et ses lambris sont respectés et respectables dans notre démocratie dans la mesure où ils supposent une responsabilité morale. Celle-ci ne peut pas être conçue comme l'envers d'un endroit : elle doit être, dans le cadre de la république, hautement revendiquée.

De ce fait le concept moral rejoint parfaitement cette remarque commune qui associe le souci aux responsabilités. Ce n'est pas la crainte d'être poursuivi pour une faute quelconque — ce qui peut être l'objet d'une assurance spécifique —, c'est bien la préoccupation de ce et de ceux dont on est responsable. Le concept moral est un concept positif et affirmatif.

De façon plus générale, ce n'est ni la crainte, ni l'angoisse, ni la peur qui caractérisent l'homme responsable. Il faut courage voire audace pour prendre des responsabilités. C'est pourquoi ce n'est pas dans la crainte de l'apocalypse qu'on peut fonder la responsabilité. La peur est toujours mauvaise conseillère. Mieux vaut se référer au paradigme du nourrisson. Responsable de mon bébé, je sais que j'ai à répondre de mes actes face à ma conscience et à tous les autres qui la peuplent. L'avenir n'est inquiétant que comme l'élément dans lequel je déploie mes actes et se déroulent leurs effets. Il n'est pas une menace. Il est un souci.

Si la responsabilité se fondait dans la menace, elle pourrait être une mode. On justifierait par cette accusation l'extension de son usage contemporain. De nombreux mimétismes nous contraignent à user de certains mots à des moments précis de l'Histoire. La responsabilité n'est pas issue de l'effet de serre ou du trou dans la couche d'ozone, même s'ils ne peuvent lui être indifférents. Certes la conscience morale n'est pas historique dans sa forme, mais elle pourrait l'être dans ses contenus. La responsabilité en est épargnée par son formalisme essentiel qui ne se réfère pas à un événement particulier : elle exprime un moment de notre histoire ; mais elle en résulte plus qu'elle n'exprime la crainte d'une catastrophe.

La principale force du concept, c'est sa proximité de l'action. Il n'est pas un acte qui ne soit affecté par ce repère. Le concept de la responsabilité opère la synthèse de l'intention, de l'acte et de ses effets dans l'élément qu'il perturbe ou qu'il agite. C'est pourquoi il est beaucoup plus vécu qu'il n'est pensé. Empiriquement, dans une intuition particulière, on pressent ce que signifie l'exercice de nos responsabilités. Nous avons toujours moins de temps pour la réflexion que pour l'action. Alors même que la responsabilité exprime cette double exigence.

D'une certaine manière, c'est un concept qui aurait mal trouvé sa place dans la division traditionnelle des manuels de philosophie : tome 1, « La connaissance » ; tome 2, « L'action ». Cette référence morale suppose un lien intime entre la connaissance et l'action. Mais la difficulté principale vient du fait qu'il ne s'agit jamais de la connaissance en général ou de l'action en général. Avec la responsabilité, la connaissance et l'action sont non seulement liées dans le processus même qui conduit à l'acte, mais dans le contenu de celui-ci. Il ne s'agit jamais de cette connaissance encyclopédique qui rejetterait la morale dans un élitisme distant du sens commun moral. La connaissance en question ne concerne que l'acte et ses effets, c'est-à-dire le milieu dans lequel il s'effectue. C'est pourquoi elle est double : dans la prévision et la vérification. Ainsi la connaissance toujours s'enrichit dans la confrontation de l'intention et du résultat pour mieux agir une prochaine fois.

On peut donc déduire un nouvel attribut de la responsabilité : on n'est jamais responsable une fois pour toutes, comme le suggérerait son acception strictement métaphysique ; la responsabilité est cumulative : son exercice même rend responsable et toujours plus responsable. Plus je prévois, plus je vérifie, plus j'acquiers de connaissances sur ce que produisent mes actes, plus je suis apte à devenir un homme responsable. Nos progrès peuvent être incessants.

De ce fait la morale de la responsabilité rejette toute la mauvaise conscience qu'on lui attribue quelquefois. L'affirmation « Nous sommes tous responsables » est un non-sens si elle est proférée dans une généralité vide : la responsabilité suppose une relation causale apparente. Je me souviens encore de cette année où j'avais entendu les discours ineptes qui accompagnaient l'atroce guerre du Biafra. Dans l'enceinte scolaire, près de ma khâgne, un jeune lycéen s'était immolé par le feu, incapable de supporter les horribles images d'une guerre dont des déclarations fracassantes le rendaient à ses yeux aussi « responsable ». Il avait voulu faire quelque chose, entre le désespoir et l'avertissement. Il fut suivi en cela par plusieurs autres car ces actes sont souvent épidémiques. La seule responsabilité qui existât vraiment fut celle de ces discoureurs qui avaient provoqué son acte tragique. Lui n'y pouvait rien. Il pouvait souffrir, comme nous, de cette situation, mais il n'en était nullement responsable. Car la responsabilité prise comme référence n'est pas une fabrique de « mauvaise conscience » ; elle incite à des actions positives dans des sphères où nos actions ont quelque effet. C'est d'ailleurs bien d'un concept pratique que nous avons besoin comme repère.

Et si la conscience morale peut se sentir « mauvaise », c'est dans un cas particulier, non dans l'élément de la généralité. Cette « mauvaise conscience » peut être ponctuelle ; elle est alors, dans la conscience, l'effet d'une responsabilité mal assumée, c'est-à-dire le sentiment d'être en contradiction avec nos devoirs.

Responsable « de » et responsable « devant »

En effet — il faut y revenir —, l'essence même de la responsabilité implique générosité, capacité de se mettre à la place de l'Autre, mouvement permanent consistant à se déporter pour valider ses choix à partir de cet Autre dont nous sommes toujours peu ou prou responsables.

La présence d'autrui dans toute énonciation concrète d'une responsabilité pourrait laisser penser que cette valeur se réduit à une dimension sociale. C'est une chose d'y voir l'expression d'une tension entre notre vie concrète et nos aspirations morales ; c'en est une autre de ne l'interpréter que comme un effet social. La responsabilité n'est pas la condition de possibilité d'une vie en société, de même qu'elle n'est pas la simple conséquence d'une exigence de performance, ni le seul exercice d'un pouvoir. Chaque fois qu'on la réduit à l'un de ses ingrédients, comme disait Leibniz, elle est dénaturée et risque de se retourner en son contraire.

Tout homme, en tant qu'il est responsable, est à la fois responsable *de* et responsable *devant*. La responsabilité présuppose que je ne suis pas seul au monde. Dans une fonction de responsabilité, je sais devant qui je suis responsable en premier lieu. Mais l'homme qui m'a délégué une responsabilité n'est jamais l'Autre ultime, comme le montre l'objection du mirador. S'il n'existe pas d'être susceptible de m'évaluer, ma conscience sait bien qu'autrui, même silencieux, est toujours là, comme instance décisive.

Par conséquent, au moment où je m'apprête à faire un choix qui, pour conquérir de nouvelles responsabilités, me fait trahir les précédentes, je dois me demander devant qui je suis responsable de ce nouveau choix. Le repère doit jouer dans cet instant de la décision. Il n'est pas responsable de feindre l'attrait d'une responsabilité nouvelle pour se dégager de plus anciennes qui demeurent. C'est dire que le problème moral ne peut jamais être réduit à un problème local. Dans chaque lieu où s'exerce ma responsabilité, c'est *toute* ma responsabilité qui est en cause. Si je manque cette interrogation fondamentale, je fais le choix d'un pouvoir et de sa jouissance, et seulement ce choix. Les autres sont répartis dans différents espaces. Autrui est un et indivisible.

Le croisement des responsabilités

Même si nous insistons sur cette notion de repère, il est impossible de penser que la responsabilité est la solution claire de tous nos débats. Elle reste presque toujours plus une interrogation qu'une recette. Ce n'est pas un code, c'est une exigence. Ce n'est pas un règlement, c'est une morale. Ce n'est pas une solution, c'est un problème dont la réponse ne saurait être unique. La morale sollicite les consciences ; elle n'est pas un livre de recettes.

En tant qu'homme, je suis concerné par des responsabilités de toutes sortes. Pour la plupart elles sont intimement liées à tous les ensembles auxquels j'appartiens, au sein desquels j'agis — jusqu'au plus vaste, l'humanité. C'est pourquoi tout homme vit des conflits de responsabilités. Le père de famille peut être accaparé par sa responsabilité professionnelle et déserter son foyer pour l'assumer. Le « responsable » d'entreprise peut concevoir que son premier devoir est d'assurer la pérennité de l'entité qu'il dirige et que tous les autres devoirs sont secondaires par rapport à celui-là. On pourrait multiplier les conflits qui agitent les consciences et suggérer l'émergence d'une nouvelle casuistique. Il est en tout cas bien présomptueux de juger de façon péremptoire tel ou tel comportement. Les conflits de responsabilité agitent notre existence.

Mais je doute qu'on soit un homme responsable si l'on se met en position d'incompatibilité. La responsabilité ne se divise pas. Le problème moral ne se pose pas dans le choix exclusif, il doit être formulé plus tôt, en amont des situations dans lesquelles il n'existera plus de solution. Tel est le cas de l'homme politique qui, dans une fringale de mandats électifs ou de nominations prestigieuses, devient incapable d'assumer toutes les responsabilités dont il a été chargé. Sa responsabilité se jouait avant ces choix qui rendent incompatibles des responsabilités particulières. C'est pourquoi, dans l'existence, la responsabilité doit nous être un repère à l'échelle même de l'économie de toute notre existence, c'est-à-dire dans le choix des responsabilités auxquelles nous nous engageons. Il ne peut être effectué de façon égoïste, en fonction de notre désir de pouvoir. On ne cesse pas d'être un père quand on devient un élu.

Certes il n'est pas possible de maîtriser l'ensemble des processus qu'induit un acte quelconque. Dans le branle d'une série causale se situent des événements qui croisent des séries initiées par d'autres hommes ou d'autres causalités physiques. Nous ne savons jamais exactement en quoi nous modifions le cours des choses au-delà d'un certain nombre d'événements que notre attention peut rendre plus ou moins visibles.

Aussi la responsabilité ne doit-elle pas toujours être revendiquée ni assumée sous peine de déresponsabiliser l'ensemble des hommes qui agissent hors de nous. C'est d'ailleurs toute l'ambiguïté de l'homme estimable qui prend sur lui des erreurs ou des fautes parce qu'il est en fonction de responsabilité. Le beau geste peut aussi signifier la non-responsabilité de quiconque n'a pas le titre de « responsable ». Là encore, c'est le modèle juridique qui menace le concept moral : face à une enquête judiciaire, le président d'un groupe industriel peut prendre sur lui la responsabilité d'une erreur ou d'une faute commise par ses collaborateurs. Mais si cette attitude allait au-delà du point de vue juridique, elle signifierait la négation même de la responsabilité individuelle.

La continuité des responsables

Dans les cas les plus courants, être responsable signifie donc répondre de nos actes. Mais dès que la responsabilité est érigée en fonction, il faut aussi répondre des actes d'autres hommes dont nous sommes dits responsables du fait qu'ils appartiennent à un territoire sur lequel nous avons pouvoir. Tel est le cas du chef militaire ou du « responsable hiérarchique ».

Le changement significatif qui se produit dans ces situations porte sur la nature des actes en cause. La responsabilité concerne aussi bien l'inaction que l'action. Le problème qui se pose généralement consiste à savoir à quel niveau va pouvoir être imputée la responsabilité. On nomme communément « fusible » l'homme qui doit sauter pour préserver ses supérieurs mais qui est considéré comme responsable de ses subordonnés.

Sans entrer dans les choix que fait la justice, il convient de saisir ce que suppose cet usage de la responsabilité. Déniée à celui qui a commis l'acte répréhensible, elle est imputée à un autre homme qui aurait dû contrôler ou mieux suivre. Pour résoudre la question, il suffirait à vrai dire de savoir si le même homme est désigné comme responsable dans le cas d'une action positive et à ce titre récompensé.

Dans les organisations où les responsabilités sont fortement partagées, le danger apparaît d'une réelle dilution consistant à ne plus savoir qui est responsable de quoi.

C'est pourquoi il est toujours très utile de fixer *a priori* les responsabilités, de les éclairer au maximum pour que chacun puisse formuler ses propres devoirs dans un cadre défini.

L'enchaînement des responsabilités fonde toute hiérarchie, beaucoup plus que l'emboîtement des pouvoirs. Dans un projet quelconque, on doit toujours désigner un chef de projet qui est responsable devant son organisation de la réalisation du projet défini. Lui-même, avec son équipe, doit réaliser un certain nombre d'actions qu'il peut programmer selon des schémas bien connus de la conduite de projet. Quand, dans le temps, un homme vient à fléchir, le chef de projet porte la responsabilité de l'ensemble si son incurie fait prendre quelque retard ou fait avorter ledit projet. Le chef doit donc soit manifester son autorité pour faire rentrer dans l'ordre l'homme défaillant, soit se substituer à lui pour que les délais et engagements soient tenus. C'est dire que l'homme responsable doit assumer une véritable fonction de vicariance. Il ne peut laisser les choses en l'état car il doit répondre de l'ensemble *devant* d'autres autorités. C'est pourquoi on associe volontiers l'*initiative* à la responsabilité. Cette contiguïté des concepts corrobore la proximité de l'action et de la responsabilité. Face à la carence d'un subordonné, le responsable a le devoir de ne pas sombrer dans l'inaction, car il répond lui-même de l'ensemble.

Cet exemple nous montre quelque variation par rapport à la dimension morale, objet de notre réflexion. En effet il est clair que, dans ce cas comme dans d'autres, la responsabilité est une garantie d'efficacité. La délégation qu'on en fait à un chef de projet est un ressort plus qu'une référence morale. Et de manière évidente la communauté ou l'homme qui a délégué constitue une instance d'évaluation. Pourtant nous insistions sur le fait que la présence d'autrui dans la responsabilité n'impliquait nullement une évaluation morale : plus encore, il faut éviter de retomber dans l'ornière d'une morale accusatrice et haineuse.

Nous sommes là au cœur d'un problème essentiel de notre temps. Sans aucun doute, ce sont ces situations particulières qui produisent aujourd'hui cet usage courant du mot « responsabilité ». La menace d'une manipulation apparaît dans toute son évidence. Le fait de confier une responsabilité s'appuie sur la conviction que l'homme n'est insensible ni au pouvoir qu'elle confère, ni aux devoirs qu'elle implique. Le concept permet cet usage car il est intimement lié à l'action et à la notion d'efficace. Si, comme nous l'avons vu, le responsable est cet homme qui, en particulier, se reconnaît à l'origine de séries causales multiples et se dit capable d'en répondre, la coïncidence n'est pas fortuite. Mais là encore sa première responsabilité se situe en amont du choix qu'il fait de se voir confier une mission. L'homme est responsable de son acceptation. Il peut aussi refuser la mission qui lui est donnée. Dès lors qu'il l'assume, sa propre responsabilité est bien un levier. C'est pourquoi la responsabilité structure aussi notre espace social. L'impératif moral n'y est pas toujours clair ni évident. Mais c'est sur lui qu'on s'appuie pour organiser différemment la production des biens et des services. C'est là une profonde transformation de notre temps.

On pourrait regretter que l'homme, loin de raisonner dans les termes de la moralité, procède à un simple échange, de nature marchande : en échange d'un pouvoir, il promet d'effectuer des tâches qui impliquent des devoirs. Tel est d'ailleurs le paradigme de la fonction politique et notamment du mandat électif. Tout homme trouverait ainsi son intérêt dans des devoirs qui lui garantiraient un pouvoir. Nous tomberions alors dans une contradiction insoluble puisque nous affirmions que le devoir n'est pas de même nature que l'intelligence et que la morale ne peut être confondue avec l'intérêt. La responsabilité serait un simple avatar du pouvoir, une formulation plus élégante, plus hypocrite, plus insidieuse. On pourrait le redire encore plus nettement : l'homme doit être responsable pour être socialement reconnu, pour obtenir des promotions et conquérir d'autres territoires. On en reviendrait à l'empire du désir et de l'intérêt. La conscience jouerait un rôle infime au regard de l'évaluation sociale ; le devoir serait réduit à un impératif de prudence pour qui veut satisfaire sa volonté de puissance.

Reconnaissons que le danger n'est pas nul. Mais cette situation s'assimile au cas du mirador. Dans l'exercice de toute responsabilité, il y a bien, essentiellement, l'affirmation d'un pouvoir sur les choses. La neutralité linguistique du concept permet toutes les dérives. C'est pourquoi il ne faut jamais isoler un ingrédient particulier. Manquent ici la réponse et l'Autre. L'homme responsable peut être dit tel par une autorité qui lui délègue un espace ou un territoire ; pour l'encourager et le rendre efficace, cette autorité essaie logiquement de fermer son horizon : elle sous-entend alors que l'Autre, c'est elle-même et seulement elle-même. Elle fait comme si l'homme responsable n'avait à répondre que devant elle et elle seule. Elle utilise les mêmes mots et les mêmes concepts, à bon escient. Mais c'est moralement insuffisant. Cette responsabilité reste locale. Elle ne prend sa dimension pleinement morale qu'en étant globale. L'homme qui l'accepte ou la recherche joue sa responsabilité dans cette décision. A cet instant, il n'est pas seulement en face de celui qui lui propose et de ce qu'on lui propose. Il sait qu'il a à répondre bien au-delà, comme l'homme du mirador.

Notons enfin que cette équivalence croissante du pouvoir exercé et des responsabilités qui en découlent constitue un progrès moral pour notre société. Elle signifie que tout pouvoir se paie d'un certain nombre de devoirs. Mais en même temps, si nous entrons dans le temps des responsables, cela signifie que le mot recouvre différents types de choix : il ne suffit pas d'être dit « responsable » pour être assuré d'agir moralement. Le droit continue son chemin et le pouvoir multiplie ses avatars. Ils ne sont pas en eux-mêmes contradictoires avec le concept moral de la responsabilité ; ils en sont parfois la propédeutique. Ils sont sur la voie, mais pas toujours sur la bonne voie. La sollicitation de la conscience morale est toute nécessaire pour que la responsabilité devienne référence. Le mot n'y suffit pas.

L'universalité de la responsabilité

Ces ambiguïtés proviennent de la force même du concept. Elle tient d'abord à son formalisme, qui lui permet d'être doté d'une universalité dont le devenir est d'être concrète. Et dans chaque cas singulier, la responsabilité court le danger d'être manipulée au seuil des actions à entreprendre.

L'intention garde l'importance qu'elle doit avoir dans toute morale ambitieuse et conforme à son concept, mais cette intention n'est plus abstraite des voies de l'action. Car être responsable, c'est d'abord être responsable *de*. Chacun a son territoire propre qu'il occupe, qu'il traîne avec lui ou qu'il a conquis ou encore qu'on lui a confié. Les surfaces, les étendues varient à la mesure des pouvoirs obtenus ou des autorités reconnues.

C'est pourquoi l'exemple des parents est un paradigme, d'une grande pureté par rapport à toutes les situations particulières que nous vivons. Soit le père, la mère et le nouveau-né. Peu importent les déterminations qui ont amené le nourrisson là où il est. Peu importent les accidents de la nature, les mauvais calculs ou la qualité des préservatifs. Peu importent les déterminations sociales. Peu importe finalement la liberté de choix que les parents ont eue de le mettre au monde. L'enfant est là, devant eux. Ils ont l'intuition de leur responsabilité, un sentiment très vif, très puissant, peut-être la plus forte expérience que l'on puisse faire de ce qu'est la responsabilité. Le nouveau-né est dépendant d'eux. Il n'a rien demandé. Il est simplement là, d'abord à nourrir, puis à caresser, à changer, puis à écouter. Les parents savent aujourd'hui qu'il n'existe plus de voie royale et qu'ils ne peuvent avoir la maîtrise totale de l'avenir. Il est fait de rencontres avec d'autres, avec la société, avec le monde. Rien n'est certain, sauf la formulation des devoirs qui ne dépend d'aucune autorité temporelle : la conscience morale en est immédiate.

La responsabilité des institutions

Ce paradigme demeure dans les usages les plus divers du concept.

L'individu n'est pas le seul sujet auquel on peut attribuer le prédicat de responsable. Ce peut être aussi le cas d'entités dès le moment où elles sont bien définies. Certes, il faut se méfier des sujets fictifs comme « La Société » : on la dit facilement « responsable » alors qu'elle n'est conçue comme sujet que dans des utopies aujourd'hui dépassées par l'Histoire elle-même.

Raisonner en termes de responsabilité, c'est, dans ce cas, définir des missions claires. On le voit sans cesse dans la distribution des responsabilités qui s'opère au sein même de notre société. Prenons le cas de l'école et de l'entreprise. Dans une certaine confusion, liée aux problèmes de l'emploi — de l'adéquation formation/emploi, comme on dit —, on mélange les genres et les rôles. Il ne faut donc pas se contenter de la question « Qui est responsable ? » pour accuser tel ou tel partenaire, mais bien définir le champ des responsabilités sans charger l'un de ce qui relève de l'autre. La responsabilité de l'école républicaine n'a jamais été de fournir sur le marché du travail des jeunes, garçons ou filles, prêts à l'emploi. Les délais de réaction sont d'ailleurs tels que la formation strictement professionnelle est déjà dépassée avec l'apparition d'une nouvelle technologie. L'école a pour mission de former un citoyen et non un travailleur. Elle a en charge l'éducation d'un citoyen qui, selon ses aptitudes, devra y avoir acquis les conditions de possibilité d'un développement personnel et professionnel ultérieur. L'école n'est pas faite pour les postes de travail.

Là réside en effet la responsabilité propre des entreprises, qui ont à assurer une formation professionnelle et, sur un terreau préparé par l'école, des promotions éventuelles. L'éducation nationale est par essence généraliste ; elle doit permettre l'adaptation du citoyen à des fonctions différentes ; elle ne saurait l'enfermer dans une vision trop étroite qui bouche son horizon pour satisfaire à quelques exigences immédiates. Son rôle est de résister à une demande trop ponctuelle en faisant varier ses objectifs selon les moyens de chacun. Mais pour chaque individu, quelle que soit la durée de sa scolarité, elle est responsable de son ouverture au monde et de sa culture générale. Les confusions présentes viennent la plupart du temps d'un mélange des responsabilités, c'est-à-dire en fait d'un refus des responsabilités. La carence de l'un réveille les ambitions de l'autre, dans le mélange des genres.

Dans le cas des institutions et notamment du service public, il vaudrait mieux parler de mission, la mission et le service définissant l'identité de l'institution publique. Si on y parle de responsabilité, c'est parce que les hommes qui en ont la charge et ceux qui les peuplent doivent répondre de cette mission. C'est leur propre responsabilité. Prenons le cas d'une télévision publique et d'une télévision privée : elles n'ont pas la même mission ni la même identité. Si les patrons de la télévision publique, poussés par le jeu de la concurrence, s'alignent sur les comportements de la télévision privée, ils n'assument pas la responsabilité qui leur a été confiée. Leur devoir est hétérogène aux contraintes qui pèsent sur l'entreprise privée, même si fortuitement ils rencontrent des contraintes identiques.

Le risque inhérent à la responsabilité

On conviendra que tous les acteurs, hommes ou institutions, n'ont pas le même sens des responsabilités. La conscience morale, présente en chacun de nous, n'a jamais été une garantie de moralité pour chacun de nous. Mais il n'est pas de morale qui puisse être imposée. Elle peut être enseignée, suggérée, illustrée, suscitée, montrée, démontrée. Elle doit être soutenue dans un discours cohérent, tenu ouvertement dans l'espace public. La morale fait toujours courir le risque de l'Autre, immoral, en face de nous. Ce risque relève de son essence même. La morale n'aurait guère de sens si chaque homme était assuré que sa démarche morale apporte nécessairement un gain parce que les actes de tous les hommes sont cohérents avec son attitude. Il en est de même pour les hommes et pour les institutions.

La principale difficulté de la morale est sans doute là : il existe bien un sens commun moral, mais des hommes choisissent sciemment de faire le mal, c'est-à-dire de ne pas assumer leurs responsabilités. En cela ils peuvent nous nuire ou nuire à ceux dont ils devraient répondre. Mais tel est le jeu de l'existence : la morale de la responsabilité n'est pas une morale de gagneurs, ni de vainqueurs. L'homme politique qui choisit de limiter ses mandats électifs pour assumer correctement sa responsabilité partira peut-être avec un handicap dans une élection contre un candidat qui aura multiplié les espaces de pouvoir et de prestige : la conscience est à ce prix. Le père qui assume sa propre responsabilité vis-à-vis de ses enfants devra peut-être renoncer à des pouvoirs supérieurs dans son entreprise car il n'y passera pas toute sa vie. Le sens du devoir n'implique pas toujours la reconnaissance sociale. La conscience morale n'y trouve rien à redire. Elle n'agit pas dans la conviction que le cours du monde est moral. Sinon, elle aurait bien peu besoin de repères ; elle n'aurait qu'à suivre le jeu des forces qui se disputent le monde.

Cette dernière remarque, loin d'être pessimiste, signifie que cette conscience a sans doute assez de ressort pour n'être pas impressionnée par les vanités du jour. Il faut pourtant ne pas hésiter à le dire et faire en sorte que, dans notre société, la responsabilité comme référence morale soit reconnue comme telle. C'est toute l'importance que prend le discours moral dans l'espace public. En indiquant des repères et des références, il sollicite et soutient les consciences qui peuvent s'y reconnaître et se reconnaître entre elles, bien au-delà du cours des choses. Et l'on n'empêchera pas le sens commun moral d'espérer faire en sorte que le monde, dans son organisation, rende manifeste la vertu et la responsabilité. Quelques symptômes la confortent, mais le chemin est long, trop long pour des hommes qui ont à agir ici et maintenant.

On comprend alors que tout discours moral puisse être accusé d'être de l'ordre du « vœu pieux ». Autant la critique se justifie si le discours est solitaire et distant, autant c'est une pétition de principe si le discours s'étaie sur un « sens commun moral ». Ce préjugé postule simplement que seuls l'intérêt et la force sont capables de mobiliser les hommes et leurs consciences. La conséquence en est claire : tout discours tenu dans l'espace public se contente de remuer au fond de chaque homme la peur pour sa propre vie ou l'appât du gain. Ce pessimisme radical est un dogmatisme catégorique. Au contraire, dans le cas du discours moral, les actes immoraux ne contredisent pas sa pertinence ni son efficacité. Ils en accroissent l'urgence car ils font partie intégrante des possibles que suppose tout développement des concepts de la moralité. La conscience morale porte en elle tous les actes possibles. Elle s'appuie sur un sentiment qu'il faut affermir et renforcer. Elle est logiquement menacée par son contraire puisqu'elle l'enveloppe comme une possibilité d'évidence.

Un danger : la vacance des responsables

La notion de responsabilité nous ouvre des espaces nouveaux et c'est en cela qu'elle permet de développer l'idée d'une « morale ouverte ». Loin d'être inhibitrice, elle nous engage à la réflexion active. Nous prenons conscience de territoires que nous écartions jusqu'alors de notre responsabilité. Cette démarche est nécessaire.

En effet, parmi les effets pervers que la reconnaissance de la responsabilité comme référence morale peut induire, le principal se déduit de la relation étroite qu'elle entretient avec le pouvoir et son territoire. Notre société est structurée par des territoires divers qui se recouvrent quelquefois et dans lesquels, dans le meilleur des cas, chacun exerce des responsabilités. Mais il existe des zones « franches », c'est-à-dire des aspects de notre société qui semblent ne relever d'aucune responsabilité : soit qu'aucun homme ni aucune institution n'en apparaisse comme responsable ; soit qu'un divertissement sur d'autres responsabilités nous conduise à la négligence. Il peut s'agir d'espaces, de populations ou d'objets. S'ils sont intéressants, ils peuvent être revendiqués pour entrer sous la tutelle de l'un ou de l'autre. Dans le cas contraire, ils sont laissés en déshérence. Cet état de fait doit solliciter nos consciences.

Prenons l'exemple du chômage. Au-delà des alternatives économiques et des polémiques, il vaut d'être abordé sous l'angle de la responsabilité. Si la question est ainsi formulée : « Qui est responsable du chômage ? », elle est immédiatement engluée dans le discours politique. Les réponses fuseront toutes seules : « dix ans de socialisme », « les patrons triomphants », etc. Quelquefois, elles échappent à la joute oratoire en reportant ailleurs les accusations définitives : les contraintes économiques, la concurrence internationale. Reste une conviction, souvent exprimée de façon dogmatique pour justifier le rôle du politique : *le chômage n'est pas une fatalité.* L'intérêt de cette dernière proposition est évidemment de suggérer quelque responsabilité des hommes de ce temps. Malheureusement, la proposition est immédiatement suivie de la quête routinière des responsables et des accusations susdites.

Le chômage est pourtant un dramatique exemple de ce que produit le vide en matière de responsabilités. En effet, transformons la question : qui est responsable de l'emploi ? Chacun conviendra qu'il serait ridicule de montrer du doigt le ministère du Travail : quelle que soit la compétence du ministre, quels que soient les aménagements indispensables dans l'organisation et la gestion de l'ANPE, ce ministère ne peut intervenir qu'à la marge. Il ne servirait à rien non plus de suggérer le dérèglement de notre système de formation : c'est la tactique de l'impuissance qui se défausse sur le long terme, en sachant qu'elle trouvera quelque écho médiatique comme chaque fois qu'on accuse le système éducatif. Non, il faut prendre le problème par un autre bout et poser avec insistance la question : qui est responsable de l'emploi ?

Prenons pour base de réflexion les résultats d'une étude conduite au sein de la BNP. L'objet en était d'analyser avec précision quels avaient été les progrès de productivité depuis dix ans et comment ils avaient été utilisés. Grossièrement, la banque a doublé le nombre de ses opérations en réduisant son personnel de quinze pour cent, soit une augmentation de la productivité de sept à huit pour cent par an, ce qui est satisfaisant. Que deviennent ces gains obtenus ? Ils se répartissent en trois catégories à peu près égales : un tiers fut consacré aux investissements technologiques (informatique, bureautique, distributeurs automatiques de billets) ; un tiers alla aux clients par l'amélioration des services et des profits (comme la rémunération de l'épargne liquide) ; le troisième tiers fut consacré aux augmentations salariales. Autrement dit, rien pour l'emploi. On se trouve donc en face d'un consensus collectif pour redistribuer les gains chèrement conquis sans qu'aucun arbitrage soit fait en faveur de l'emploi. Cette situation ne relève pas de la seule action patronale, pas plus que de l'État actionnaire.

Très clairement nous sommes au cœur d'un problème de notre temps : personne n'étant responsable de l'emploi, ce dernier reste effectivement le parent pauvre de toutes les décisions. Par priorité, les syndicats soutiennent les salariés, défendent les statuts, et les dirigeants tentent de satisfaire leurs actionnaires et leurs clients. Tout se passe comme si l'emploi n'était sous aucune responsabilité.

Dans notre société, plus la responsabilité progresse comme concept majeur de la moralité, plus le vide des responsabilités pèse sur ceux qui n'ont que le vide en face d'eux. Or, nous sommes en train d'assister à un étrange retournement du libéralisme devenu un dogme.

Libéralisme : où sont passés les responsables ?

Le libéralisme s'est retourné en son contraire. Il fut l'exaltation de la responsabilité individuelle, de la liberté d'entreprendre comme de l'initiative. Il sombre aujourd'hui dans une sorte de fatalisme qui croit de façon dogmatique aux autorégulations du marché, à plus ou moins long terme.

Le marché est devenu un nouveau fatum, la main invisible figure le travail des Parques. On dégraisse, on licencie sous les contraintes. Le président Mitterrand lui-même déclare publiquement pendant la campagne électorale de

1993 que plus rien, ou presque, ne dépend de nous. Le socialisme est passé d'un désir fou de maîtrise à l'abandon désabusé que provoque une conversion trop brutale. Le maître mot de marché a rendu tabous et jeté aux oubliettes de l'archaïsme d'autres concepts (protectionnisme, intervention de l'État, etc.) qui étaient issus de la crise de 1929. L'éloge des individus responsables — toujours abstraits — sonne le glas de la responsabilité collective.

Curieusement les collectivistes ont abandonné plus tôt leur dogmatique sous l'effet de l'Histoire. Chacun a vu les résultats d'une politique qui retirait toute responsabilité à l'individu pour la transférer au collectif abstrait. Au contraire, les libéraux se cramponnent à leur idéologie sans bien voir que la notion de responsabilité les engage à une révision de leurs pratiques. Ce faisant, ils transfèrent la responsabilité au sujet le plus fictif et le plus idéologique qui soit : la main invisible. Aujourd'hui, si nous prenons l'exemple de l'Europe, l'idéologie libérale est devenue une pensée de la défausse. Les politiques se tournent vers le marché et les entreprises en les montrant du doigt. Au nom de préjugés sans âme, ils regardent faire. Ils regardent se défaire l'industrie européenne sans véritable souci des enjeux sociaux qui se jouent de façon irrémédiable.

Or la responsabilité propre des politiques consiste aujourd'hui à prendre les mesures qui permettent de protéger les forces productives comme les forces sociales qui les animent. Toute leur réflexion devrait être tendue sur la définition précise de leur responsabilité dans un territoire délimité, l'Europe. La vacance des responsables le contredit et suscite des méfiances légitimes chez les citoyens de tous pays. A s'accrocher au dogme d'un libre-échange vide de toutes responsabilités, on préfère l'inaction, comme si elle engageait moins les hommes que des actions sélectives.

Certes ni le droit ni la justice n'y trouveront à redire. Ils ne sauront traiter le problème ni en termes de fautes, ni en termes de risques. Mais l'homme responsable se préoccupe des séries causales qui se déduisent de son inaction comme de son action. Les acteurs individuels qui sont pris dans la tourmente — hommes comme entreprises — ne peuvent jouer leur rôle quand toutes les règles du jeu sont bafouées. La responsabilité de l'Europe consiste à veiller aux règles du jeu et à éviter que les tricheurs d'un jour ne viennent faire perdre ceux pour qui les règles s'imposent elles-mêmes sur un marché qui a contribué à les faire définir.

Or, comme on a décidé une fois pour toutes que les prix des produits n'étaient justement déterminés que par ces règles du marché, on se refuse à intervenir sur les prix eux-mêmes. A la limite, on raisonne en termes de quantités importées selon un bon réflexe de douanier. Mais on feint d'ignorer que les prix se déduisent de règles du jeu sur lesquelles tous les acteurs doivent être d'accord.

Être responsable c'est, encore une fois, voir au loin les conséquences des actes et des inactions. Le chômage est une conséquence déjà présente. Mais plus loin encore, si l'on réalise que les conditions sociales de production devront s'aligner sur des pays où un enfant de quatorze ans est remplacé par un enfant de neuf ans moins coûteux, l'heure des responsabilités sonne clairement. D'un côté on encourage des pratiques dont on ne voudrait pas répondre personnellement ; de l'autre on anéantit tout ce dont on voudrait que notre civilisation fût responsable.

Quand, sur un marché européen largement ouvert, des acteurs interviennent avec des objectifs qui n'ont plus rien à voir avec le jeu de l'économie libérale, la responsabilité politique consiste à permettre que le jeu continue dans le respect des règles. L'arbitre est un homme responsable.

Il n'a pas décidé des règles, mais il les fait appliquer. Si un industriel soviétique a pour seul objectif d'accumuler des devises fortes et liquide sur le marché européen ses produits à n'importe quel prix, quitte à sacrifier son industrie pour atteindre son objectif monétaire, il se met hors jeu. Quand l'arbitre devient invisible, quand son sifflet devient inaudible ou quand il feint de ne pas voir les fautes, la partie tourne au jeu de massacre. L'arbitre responsable ne laisse pas n'importe qui entrer sur un terrain ; il vérifie la feuille de match et l'équipement de chaque joueur.

Nous voyons bien, dans ce cas, que la responsabilité est un enjeu majeur ; c'est une référence qui pousse à l'invention et à la souplesse. Les territoires changent ; les acteurs évoluent ; les équilibres se transforment en déséquilibres. Être responsable, c'est intégrer le changement ; c'est répondre de ses actes dans la mesure où l'élément dans lequel ils développent leurs conséquences se transforme. Il n'existe pas de recette pour l'homme responsable. Il sait qu'il ne peut raisonner aujourd'hui comme en 1929. Le dogme crée de faux devoirs. Nous ne sommes jamais responsables devant des dogmes mais devant des hommes.

La responsabilité dans le travail

La notion de responsabilité est sans doute aussi au cœur du problème de l'emploi par d'autres biais. En en faisant le concept moral de notre temps, nous transformons une représentation du travail qui nuit aux hommes sous de multiples formes.

En effet l'évolution technique et la transformation des métiers ont dévalorisé tous les emplois dont la modernisation est hypothétique. Les mots de qualification, de professionnalisme sont les premiers mots qui canonisent une fonction. Dès qu'on parle d'emploi peu qualifié, l'opprobre n'est pas loin. La spécialisation comme la technicité valorisent des fonctions qui nécessitent de forts contenus de formation.

Or il est aujourd'hui des services rendus aux particuliers qui ont avant tout un contenu de responsabilité. Nous l'avons oublié tant des concepts pseudo-modernistes — et bien laids ! — comme la *servuction* ou le *back-office* ont tenté d'industrialiser l'activité prestataire de service au détriment de la notion de service elle-même. Est-ce l'image du serviteur qui colle à son concept ? du servile, du servage, du servant ? L'activité de service est pourtant celle qui met le plus directement en relation deux êtres humains.

Il est bien injuste de parler de *petits boulots* en évoquant les gardes d'enfants, les coursiers ou les livreurs. Sans aborder le problème économique de la solvabilité des clients, il faut constater que dans la plupart des cas on omet de considérer le contenu de responsabilité propre à ces travaux. Face aux nourrissons la responsabilité ne s'évanouit pas quand le père ou la mère quittent la maison ; face aux tâches d'intérêt général — de type entretien de l'environnement —, celles relatives à l'amélioration de la nature ne sont pas pusillanimes.

D'une certaine manière, il en a été de même pour les travaux des enseignants, souvent démoralisés car la qualité de leur tâche est évaluée socialement à l'aune de leurs revenus plus qu'à la mesure de leur responsabilité. Nous voyons aujourd'hui que les transformations nécessaires dépendent aussi de nos repères moraux. L'argent roi méprise la responsabilité. La technique reine ne goûte que la performance. Une société de responsables est aussi plus morale parce qu'elle considère qu'aider une personne âgée est aussi noble que pianoter devant un écran.

Ce fut même un curieux instinct dit progressiste qui conduisit à la dévalorisation des tâches ménagères : employer une femme de ménage était un signal social. Il existait peut-être aussi du mépris dans cette attitude. C'est pourquoi la reconnaissance simultanée du métier et de la responsabilité est aujourd'hui une nécessité.

Comme dans toute relation d'emploi, on peut trouver le meilleur et le pire. L'employeur peut serviliser, mépriser, discréditer. Il peut aussi reconnaître un savoir-faire, déléguer des responsabilités jusqu'à faire se développer une véritable qualification professionnelle. Tout dépend du jeu entre les responsabilités individuelles. Tout est sans doute dans le regard que chacun pose sur autrui.

Mais il est faux d'accuser sans cesse notre système de formation et son inadéquation à l'emploi. Bien des problèmes ont une dimension morale : lorsqu'en pleine période de chômage certains employeurs regrettent de ne pas trouver le personnel qu'ils recherchent, c'est sans doute qu'une représentation morale négative est attachée aux emplois qu'ils proposent.

Le cas est sinon symétrique, du moins souvent voisin du côté de certains demandeurs d'emploi. Les habitudes prises dans le chômage font quelquefois abandonner le sens des responsabilités : les contraintes d'horaires — se lever le matin, rentrer le soir —, de tenue — s'adapter à son environnement professionnel, porter la cravate — font reculer certains hommes ou femmes qui mettent une liberté factice — de pure négligence — avant la responsabilité sociale qui est la leur face à leur famille, face à leurs parents ou à leurs concitoyens.

Responsabilité et exclusion

A une époque où la responsabilité prend une importance croissante, il est clair que son absence devient très douloureuse. Ce n'est pas tant la question de l'image ou de la reconnaissance sociale qui est en cause que l'ensemble des ingrédients du concept dont on se trouve frustré.

C'est pourquoi la responsabilité doit aussi constituer notre référence pour résoudre les problèmes d'exclusion qui se multiplient dans notre société. L'absence de toute responsabilité est plus qu'un symptôme individuel, c'est le moteur même de l'exclusion. Il ne faut donc pas s'étonner que le sens moral ait quelque mal à survivre dans ce cas. Nous savons d'ailleurs que les mécanismes divers d'assistance ne sont que des palliatifs plus nécessaires pour la survie que pour la vie elle-même. L'absence de responsabilités dans l'existence est aussi suppression des devoirs, abolition des contraintes, absence du regard d'autrui, voire de sa présence dans la conscience intime. Des habitudes se prennent dans ce vide croissant qui deviennent de plus en plus difficilement réversibles. La relation au temps devient aléatoire. Or le temps des responsables ne désigne pas seulement une époque ou une ère, il indique un souci et un rythme. Il faut se lever à telle heure, rentrer à telle autre, se préoccuper de tout ce dont on doit répondre.

La responsabilité pose des exigences. Le vieil adage de Lao-tseu reprend ici toute sa vigueur : il faut apprendre à pêcher plus que donner du poisson. C'est pourquoi la pédagogie de la responsabilité doit être aujourd'hui au centre de l'éducation.

La prise de responsabilité contre l'assistance

Un cas récent vécu en France montre à quel point des habitudes de penser et d'agir méritent d'être révisées à la lumière d'une morale de la responsabilité. Dès les premières semaines d'exercice du pouvoir, le gouvernement Balladur a suggéré que l'État pourrait intervenir pour compenser les baisses de salaires que décideraient collectivement certains salariés pour éviter des licenciements dans leur entreprise. Outre l'impossibilité absolue d'appliquer une telle mesure, elle ignore l'essentiel du processus. Que des salariés décident, comme chez Publicis, d'accepter une réduction de salaire, volontairement, plutôt que de faire courir le danger du chômage à quelques-uns, voilà qui est un bel acte de courage. Il suppose d'ailleurs que l'entreprise ait des traditions de dialogue et de transparence pour que la situation économique et financière soit bien intégrée par ses salariés. Mais suggérer que l'État intervienne pour compenser, même en partie, cette diminution de revenus est proprement aberrant. Cela revient à annuler la responsabilité propre des hommes et femmes qui prennent cette résolution collective ; cela revient aussi à faire fi de la responsabilité propre de l'entreprise dont l'histoire sociale a permis un tel processus. C'est proprement passer à côté de l'essentiel.

Nous sommes dans une société où, sous couvert d'assistance ou de providence, nous voulons satisfaire tous les besoins de sécurité sans qu'il y ait un processus d'échange. La responsabilité se paie, comme toute démarche morale. La morale n'est jamais gratuite : elle commence sans doute là même où le risque se prend, dans ce moment où l'intérêt est menacé, dans cette décision où s'éprouve notre liberté de penser et d'agir contre tous les égoïsmes.

III

DE QUELQUES USAGES
ET EXERCICES DE LA RESPONSABILITÉ

En montrant que la responsabilité devient la référence morale de notre temps, à la fois par sa relation théorique au discours moral et par son insertion dans l'action concrète, nous ne pouvons demeurer dans l'élément de la généralité. Celle-ci intègre — au sens du calcul — des différences de lieux et de champs. Produite en leur sein, la responsabilité leur devient un repère. Du moins, elle peut en jouer le rôle, pourvu qu'on en clarifie la formulation. Car il ne suffit pas que le mot circule. Il exige accord à la fois sur le contenu et sur les devoirs qu'il implique.

En tant qu'êtres raisonnables, nous sommes beaucoup d'êtres à la fois, dans nos instances d'appartenance, dans nos relations, comme dans nos exigences ; nous sommes ici les premiers décideurs, là les premiers clients, ailleurs des patients, souvent des citoyens, quelquefois des parents. Nous attendons des autres ce que nous savons exigible de nous-même. C'est cela la morale qui s'impose y compris à l'homme immoral ; du moins à sa conscience, coupable en cet instant, mais peut-être pas dans l'autre qui suit.

C'est pourquoi chaque lieu, chaque situation pourrait

faire l'objet d'un volume, d'éthique ou de déontologie, selon les cas. Mon propos ne peut être ici que plus modeste et plus ambitieux. Sans aller jusqu'à définir une nouvelle casuistique, il faut certainement vérifier le sens de ces devoirs à défaut de les énoncer tous. C'est plus une épreuve qu'un catalogue de préceptes, qui restent à définir, s'il en est besoin, ici ou là. Parions qu'en quelques traits la responsabilité s'impose bien comme l'étoile Polaire de ce temps.

Certes, son contenu de moralité varie selon les lieux. Il n'est pas identifiable dans sa pureté. Mais peut-être n'est-il jamais pur concrètement. Il s'actualise dans des situations de compromis. Dans chaque cas cependant ses caractéristiques formelles lui permettent de se dégager d'arguments de pure efficacité.

Le compromis est nécessaire : il découle directement du fait que, dans la sphère sociale, la responsabilité est, à des doses variables, toujours responsabilité *devant*. Autrement dit, il existe des sanctions. Ces sanctions peuvent constituer une menace qui détermine en partie nos actions : si elles sont le seul critère de l'action, la moralité disparaît pour se limiter au seul modèle de la légalité : « Pas vu, pas pris », ou la peur de la répression comme instance ultime de l'action.

Il faut y revenir sans cesse : il n'existe pas de moralité possible sans sollicitation de la conscience. Toute réduction du devoir à la bonne intelligence des choses est destruction du devoir, calcul d'intérêt, avatar piètrement ennobli de l'égoïsme. Mais selon ses sphères d'usage, la notion de responsabilité se manifeste comme un compromis plus ou moins sophistiqué : en percevant sa valeur morale, on compte sur elle pour des actions efficaces. Le départ devient difficile à établir. Il nous incite à la méfiance : ce que la responsabilité enveloppe d'exigence et d'engagement produit des devoirs sur lesquels on compte pour que l'individu se sente contraint de bien agir. Lorsqu'on *donne* des responsabilités, le don n'est pas gratuit. Il n'en est pas pour autant condamnable. Dans un subtil mélange de mobiles et de motifs, la sanction joue un rôle croissant. Quelle qu'elle soit, il reste toujours l'individu face à sa conscience, une conscience que la sanction sociale n'annule jamais.

C'est pourquoi le lien doit toujours être rétabli avec le contenu spécifiquement moral du concept. S'il ne peut l'être, le discours sur la responsabilité devient manipulatoire. En effet, il existe une différence cruciale entre la responsabilité face au nourrisson et la responsabilité telle qu'elle est évoquée dans ces exemples concrets. Hans Jonas insiste, pour les distinguer, sur la différence entre une responsabilité *naturelle* et une responsabilité *contractuelle*. En partant des deux paradigmes, la responsabilité parentale et la responsabilité politique, il parvient à montrer le lien, la relation profondément humaine, qui unit ces deux types de responsabilités.

Nous verrons cependant que, dans tous les cas, la responsabilité ne prend une dimension morale, c'est-à-dire ne devient cohérente avec son propre concept, que si, et seulement si, elle marque la préoccupation de l'Autre au-delà de toute sanction. Or c'est toute la difficulté du mot et l'ambiguïté de son usage. Le pouvoir étant un ingrédient essentiel de la responsabilité, elle peut se réduire à lui dans une langue commune. C'est pourquoi la confrontation avec l'altérité est le moment décisif de la moralité. L'altérité varie selon les sphères. Mais il n'est de responsable, au sens le plus noble, c'est-à-dire le plus moral, que dans la confrontation avec le visage de l'Autre. Si être responsable c'est bien toujours répondre d'un territoire sur lequel s'exerce un pouvoir, c'est aussi toujours répondre devant le visage de l'Autre. C'est envisager l'Autre et nous interroger sur notre capacité à lui répondre *en face.* De ce fait, la moralité du responsable ne se vérifie jamais qu'en dehors de sa sphère strictement professionnelle. S'il y reste, s'il y demeure, s'il y insiste, il séjourne dans une déontologie censée assurer le jeu normal des règles de la bonne concurrence. Il est dans la sphère de l'intérêt bien compris, de l'intelligence d'un métier : il est encore très loin de la moralité. Sa responsabilité ne garantit pas le bon droit d'acteurs qui respecteraient les règles du jeu ; ils pourraient le faire pour le pire. Il existe bien une loi non écrite du milieu, comme de tout milieu. La morale n'est jamais dans le milieu.

Mais nous constatons que la responsabilité devient une préoccupation dans des cadres très divers. Il ne suffit pas d'exposer le concept moral ; il faut le confronter aux usages du mot et aux problèmes qu'ils posent. L'usage est en lui-même un symptôme intéressant, mais insuffisant. Il marque une préoccupation, il définit rarement un contenu précis. Il montre parfois un certain accord entre les acteurs d'une sphère particulière, mais cet accord local, au-delà de ses ambiguïtés, doit accéder à une forme et un contenu plus globaux.

Notre choix des usages est en partie arbitraire. Il est animé par le souci de figures différentes, comme on le dit en patinage : chacun fait ses figures imposées avec les singularités de son activité. C'est dire que dans chaque usage se révèle une spécificité de la responsabilité. Dans l'entreprise, le « sens des responsabilités » ne peut être exalté sans une recherche convergente du sens ; dans la sphère politique, les citoyens, les hommes politiques et l'État doivent pratiquer un jeu très solidaire des responsabilités qui font système ; dans le monde médiatique, la responsabilité est associée à un pouvoir tout neuf, encore mal maîtrisé ; dans la médecine et la recherche médicale, nous prenons la mesure de l'hiatus qui sépare la déontologie locale de la responsabilité morale. Enfin, par souci d'implication, nous devons tenter d'examiner la responsabilité des intellectuels quand s'effondrent les évidences magistrales.

L’entreprise
ou le sens des responsabilités

L'entreprise possède une certaine tradition dans l'usage de la notion de responsabilité. Celle-ci était autrefois abstraitement exaltée pour valoriser l'initiative individuelle de ses dirigeants ; elle est aujourd'hui devenue une incitation permanente dans la plupart des entreprises modernes soucieuses d'adapter leur management aux nouvelles conditions économiques.

Cette démarche n'est pas dépourvue d'ambiguïtés : elle ne lui donne pas le contenu de moralité que nous essayons de soutenir. Mais il n'est pas indifférent que la responsabilisation soit considérée comme un axe primordial dans les transformations du management. Elle exprime d'une part le fait que tout homme trouve une certaine satisfaction dans l'exercice de sa propre responsabilité, et d'autre part le fait que cette notion est une incitation à l'action. Ce n'est pas une transformation aisée, car la dépendance peut être aussi chérie et des habitudes contraires ont été prises, notamment dans le taylorisme industriel ou administratif.

On ne peut examiner le concept sans le soupçonner de

relever ici de la mode des éthiques d'entreprise, qui ne sont souvent que de subtils jeux de communication interne et externe. Ce peut être effectivement le cas. Pour éviter ce soupçon, nous devons faire deux constats d'ordres assez différents. D'une part vérifier qu'il existe une cohérence entre le discours managériel et les actes effectivement mis en œuvre dans l'entreprise ; et, d'autre part, soumettre cette responsabilité au regard de l'Autre, cet Autre qui appartient toujours à un autre ensemble extérieur à son propre territoire. Ainsi la valorisation de la responsabilité pourrait être davantage qu'un symptôme et relever d'un contenu plus conforme à l'usage que nous pouvons en faire comme référence morale.

Dans l'entreprise, « responsable » peut être le prédicat de trois sujets différents : *les hommes*, qui constituent la collectivité de travail ; *le chef*, qui semble par nature le « responsable » de l'entreprise ; *l'entreprise* elle-même, dans la mesure où elle est insérée dans un tissu économique et social, par ses produits, ses services ou ses moyens de production, et où elle y produit des effets.

La responsabilité des hommes

Dans la plupart des entreprises, « responsable » est d'abord un terme hiérarchique qui désigne exclusivement l'appropriation ou la délégation d'un pouvoir. On dit le « responsable » — d'une usine, d'un établissement, d'un service, d'un département — parce que le mot « chef » est tombé en désuétude ou n'est plus pris qu'en part ironique. Les « petits chefs » sont devenus des « responsables »...

Mais au-delà de cette utilisation ritualisée, on peut constater depuis quelques années l'inflation des discours qui engagent à la *responsabilité individuelle*. Dans les documents qui servent de chartes ou de codes intérieurs, c'est soit une valeur, soit un principe de management. Il serait présomptueux d'évoquer l'exaltation d'une vertu quand la finalité de ces textes est logiquement la performance de l'entreprise et l'engagement de ses salariés dans ses batailles quotidiennes.

Dans l'entreprise, plusieurs responsabilités se télescopent : l'individu qui prend une responsabilité syndicale peut être ici ou là valorisé comme tel, mais le cas reste assez rare. Il faut d'ailleurs le regretter : dans ces temps de crise où la pression sur l'emploi atteint des sommets, un mandat syndical est une authentique prise de responsabilité. Si celle-ci n'est pas reconnue comme telle, l'usage du mot restera légitimement critiqué dans l'entreprise. Or « performance et engagement » définissent le contenu le plus courant du concept en entreprise. On serait mal inspiré de traiter par le mépris cette acception particulière. Il faut au contraire la retourner contre ceux qui, à la tête des entreprises, contredisent quelquefois par leurs actes ce discours de responsabilité.

Il s'agit toujours de répondre de ses actes ; non par rapport à soi-même mais par rapport à l'institution que constitue l'entreprise. Dans l'entreprise, la mise en avant de cette valeur signifie d'abord qu'il n'est pas de sots métiers ni de sottes fonctions. L'idée de répondre de ses actes renvoie à la conviction que l'entreprise est une collectivité dont tous les membres sont indispensables et agissent les uns sur les autres.

Encore faudrait-il que ces incitations ou cette reconnaissance conduisent à des comportements qui soient en harmonie avec le discours. Quand on licencie sans vergogne, quand un dirigeant ne se confronte pas avec ses propres salariés sur ses propres décisions, il est difficile de soutenir de telles argumentations.

Je pense qu'il faut encore aller beaucoup plus loin dans la voie de la responsabilité en entreprise et, bien sûr, commencer par les dirigeants eux-mêmes.

La responsabilité du chef d'entreprise

L'incohérence majeure des organisations industrielles provient du décalage entre un discours qui exalte la responsabilité individuelle et des modes d'évaluation qui restent très techniques ou seulement normés sur le professionnalisme.

L'organisation des actions par projet, la diffusion des responsabilités ont des conséquences claires pour les individus au travail. Il s'agit en grande partie de sortir d'un système normatif qui se fonde sur des horaires, sur des structures, sur des fonctions, sur une délimitation trop précise des tâches. L'exaltation excessive du professionnalisme vide le travail de son contenu de responsabilité. Certes, il n'existe d'incompatibilité ni pratique ni théorique entre les deux points de vue. Seule la pratique montre, dans le recrutement, dans la formation, dans la gestion des carrières, dans la mobilité, dans l'évaluation des hommes, des contradictions qu'il faut savoir lever. Il faut donc d'abord en prendre conscience. Ne pas se contenter d'un discours incitatif.

Exalter la responsabilité individuelle est une démarche ambivalente. D'un côté, c'est une forme de réponse à la question : « Sur qui puis-je effectivement compter ? » Pour mener à bien ce projet, pour pallier mon absence ou mon éloignement, etc. D'un autre côté, c'est une forme de risque qu'il faut reconnaître comme telle : elle implique en effet un mode de gestion qui efface des processus de surveillance et de contrôle et qui privilégie l'évaluation en fin de parcours.

L'invasion du thème de la décentralisation dans les entreprises comme dans l'État relève de cette démarche. Mais là encore, il ne suffit pas de décréter. Il n'existe pas de véritable délégation de responsabilités, d'incitation à la responsabilité individuelle sans une responsabilité très forte et très apparente à la direction même de l'entreprise. De même toute décentralisation est catastrophique si elle ne s'appuie pas sur une centralisation très forte sur un certain nombre de points, de procédures ou de fonctions (ressources humaines notamment).

Prenons un exemple pratique, très fréquent en ces temps difficiles : les réductions d'effectifs ou les fermetures de sites industriels. Il est très rare que ces décisions soient effectivement prises sur les sites eux-mêmes. Nous vivons même une époque où le décalage entre les établissements et les directions générales centrales s'accroît de façon dramatique. Au point que certaines décisions de réduire les effectifs en deviennent très abstraites, voire totalement désincarnées. On écoute de moins en moins les directeurs d'établissement ; les solutions qualitatives qu'ils pourraient proposer semblent toujours dérisoires auprès des calculs très quantitatifs élaborés en vase clos au sein d'une direction générale. C'est aussi vrai dans les hôpitaux que dans les groupes industriels : l'abaissement du coût de la masse salariale étant certainement le moyen le plus simple de diminuer les charges des entreprises, après quelques calculs sommaires, il suffit d'élaborer des cibles et de faire appliquer les décisions ici ou là.

C'est un beau subterfuge que de s'appuyer sur la responsabilité du chef d'établissement pour lui laisser ensuite le mauvais rôle. Un dirigeant responsable, sûr de son fait, doit faire lui-même l'annonce de cette décision qui relève de sa responsabilité. Si le chef d'établissement l'accepte, il a certainement la responsabilité de la mettre en œuvre.

En effet la responsabilité vaut engagement, non seulement engagement sur la parole mais aussi engagement physique, comme on le dit pour un match de rugby. Peut-être pourrait-on aller jusqu'à dire que la décision d'un dirigeant n'est validée que par ce fait : il est capable d'aller l'expliquer lui-même à ceux qu'elle concerne. Et il ne s'agit pas seulement de convoquer le responsable de l'établissement, mais d'aller sur le terrain. Une décision que l'on ne peut communiquer par soi-même, par sa présence physique, est une décision dont on n'assume pas la responsabilité. Là encore, il existe un risque : mais le devoir n'évacue jamais le risque. Quand au sein du groupe Saint-Gobain Francis Mer prend la décision de fermer l'usine de Saint-Priest, quelques collaborateurs veulent le dissuader d'aller annoncer lui-même cette décision ; ils craignent une séquestration par la CGT. Francis Mer n'accepte pas ce conseil, entre dans l'usine entre deux rangées de syndicalistes déterminés, fait l'annonce difficile, l'explique et s'en retourne libre. Le cas devient rare.

Là encore, il faut bien distinguer entre l'aspect purement juridique et la référence morale. Certes, dans l'entreprise, nous avons toujours une morale du compromis, mais des choix restent ouverts ; il existe différents modes de management qui ne peuvent entièrement s'expliquer par la décision de la plus grande efficacité.

Lorsqu'un grand dirigeant comme Pierre Guillaumat prend sur lui la responsabilité de l'affaire des « avions renifleurs », il le fait avec la conviction que le patron est comme le commandant d'un navire qui doit porter sur lui les fautes de ses collaborateurs. C'est l'exemple d'une belle attitude. Mais cette attitude se situe dans la perspective d'une action judiciaire, sur le mode : je ne tolérerai pas qu'un de mes salariés soit mis en cause sur une affaire que j'ai entreprise ; autrement dit, si l'on cherche le responsable, c'est évidemment moi que l'on doit trouver, le tribunal ne doit inquiéter personne d'autre. Dans cette déclaration Pierre Guillaumat tirait les conséquences de sa propre mission et des fonctions qu'il avait conscience d'assurer au nom de l'État. La revendication de la faute, pour trop rare qu'elle demeure, n'est en rien incompatible avec la sanction que l'entreprise peut prendre à l'intérieur d'elle-même. Elle a ses propres modes d'évaluation qui ne relèvent pas de la même justice.

A trop confondre les points de vue, on serait tenté de déresponsabiliser tous les acteurs de l'entreprise. Ce qui vaudrait de la même façon pour un ministère.

Les ingrédients de la responsabilité dans l'entreprise

Responsable *de quoi*? et *devant qui*? Ces questions sont posées sans cesse avec acuité dans l'organisation industrielle. D'ailleurs, très souvent, la responsabilité ne se pose pas seulement par rapport à une conscience. La médiation de la conscience est toujours nécessaire, ce qui lui conserve sa dimension morale. Mais elle n'est pas suffisante. Il faut examiner ce point pour ne pas réduire le contenu de la responsabilité à la dimension de la seule efficacité.

Une notion comme l'autogestion, jetée aux oubliettes d'un socialisme amnésique, n'était pas sans lien avec la responsabilité. Mais en s'inscrivant d'emblée dans une stratégie de rupture avec le capitalisme, elle se refusait à toute considération de management. Or, dans l'entreprise, la responsabilité ne peut être abstraite des conditions de production. Elle s'y insère nécessairement. Son contenu peut en être transformé, devenir trop limité, mais déjà il sollicite la conscience des hommes, en ce qu'il indique des devoirs à l'écart des seuls processus de surveillance et de contrôle.

Il en va de même pour l'individu membre de l'entreprise et pour l'entreprise personne morale dans la société. La responsabilité est souvent définie par le fait d'appartenir à un ensemble plus grand dans lequel nos actes et nos négligences ont des effets. Considérer les individus comme des êtres responsables, c'est toujours prendre un certain risque : c'est donner du pouvoir, montrer en quoi ce pouvoir implique des devoirs et laisser une certaine latitude quant au fait d'agir ou non par devoir. Si l'acte est totalement encadré, la responsabilité est nulle. La responsabilité implique un espace de jeu dans lequel il est possible de mal agir. Quand cet espace n'existe pas, l'individu ou la collectivité n'exercent pas de responsabilités. Ils ne sont responsables de rien. La médiation de leur conscience n'importe pas. Ainsi souhaite-t-on souvent remplacer un homme par une machine pour éviter l'erreur.

Une société d'hommes responsables est une société qui, nécessairement, admet le principe du droit à l'erreur. Non parce qu'il y aurait liberté métaphysique au principe, mais parce que la responsabilité est aussi un apprentissage : apprentissage de l'exercice d'un pouvoir, de la prévision des actes et de la capacité à en répondre. Cet aspect complexe justifie l'emploi du concept de responsabilité plutôt que de celui d'autonomie. La responsabilité dit bien le poids, la gravité, la lourdeur. Autrement dit, toute responsabilité déléguée, accordée ou reconnue suppose des tâtonnements.

En effet, surtout à une époque où la crise de l'emploi produit des effets redoutables, il n'est pas certain qu'un dirigeant soit sanctionné pour ne pas véritablement engager sa responsabilité ou pour préférer rester à distance des conséquences qu'entraînent ses décisions. La peur envahit le monde des entreprises. Les patrons les plus éclairés constatent aujourd'hui que l'esprit critique s'étiole. Quand les charrettes de cadres font leur apparition, le patron n'entend plus qu'approbation. La peur est toujours l'ennemi de la responsabilité. Ce en quoi nous nous opposons de façon radicale à la démarche de Hans Jonas.

La responsabilité institutionnelle de l'entreprise

L'entreprise en tant que telle appartient à un système économique et social avec lequel elle fait corps. Ses actes ont donc des effets dans le champ social. On a voulu exprimer cette situation en concevant l'idée d'une « entreprise citoyenne ». Loin d'être sotte, cette notion renvoie directement à l'insertion de l'entreprise dans la cité ; elle ne se contente pas de décrire une réalité objective, elle aboutit à des engagements. Elle dit littéralement que l'entreprise a conscience des effets de ses actes et en tient compte. Cette responsabilité peut aussi bien concerner l'environnement, la sécurité, que l'impact sur un bassin d'emploi.

L'entreprise ne doit répondre que de ses actes spécifiques. D'un côté, ce sont des produits ou des services. D'un autre, ce sont les effets sur le système économique et social de ses propres conditions de production ou de prestation. Les actes sont la vente et tout ce qui conditionne la vente. Il est inutile de sophistiquer cette distinction. Dans notre économie de marché, l'entreprise recherche le profit, c'est-à-dire une notion qui, en tant que telle, ne revêt aucune dimension morale. Par contre cette recherche peut soulever des interrogations morales qui se formulent toutes en termes de responsabilité. Là encore, ne soyons pas trop obnubilés par le tour judiciaire que prend souvent l'évocation de la responsabilité.

Il ne s'agit pas d'imputer une faute, mais avant tout d'évaluer des séries causales à partir de ces actes primordiaux. Supposons donc la légalité de ces deux types d'action. Évacuons l'argument du mirador ; écartons également le conflit de devoir, qui inspire à maints chefs d'entreprise des arguments d'opportunité : en effet, si l'on définit comme premier devoir du chef d'entreprise la pérennité de celle-ci, tous les moyens peuvent être justifiés par cette fin.

A partir de là, deux questions se distribuent suivant les deux axes définis : quelles sont les conséquences, pour le système économique et social, des produits ou prestations que l'entreprise réalise ou assure ? En quoi l'entreprise est-elle intimement reliée à son environnement immédiat ou médiat, écologique ou économique ? Une délocalisation peut faire mourir une petite commune. Dans un groupe pharmaceutique, l'incitation à la consommation médicale peut lourdement peser sur les comptes de la nation. Chaque cas est à examiner de près.

Certes on pourra dire que la plupart des actes de l'entreprise sont en fait assez neutres. Il faut effectivement distinguer ce qui relève des mécanismes du marché et ce qui concerne la responsabilité de l'entreprise. Que le succès d'une entreprise fasse l'échec d'une autre, dans le respect des règles du jeu, découle d'un mécanisme.

La question morale de la responsabilité se pose dès qu'on échappe à la seule loi du profit conçue comme un principe naturel de survie. Il ne suffit pas d'affirmer haut et clair que la première responsabilité est la génération du profit. Cela serait vrai si l'on pouvait concevoir l'entreprise comme un îlot autonome sans aucun lien avec le monde extérieur. Le conflit des responsabilités fait partie de la responsabilité elle-même. En faire une valeur repère ne signifie nullement que tout est immédiatement clair, dès lors qu'on l'a reconnue. Il n'existe pas de morale sans cas de conscience. La morale n'est pas une réponse à tout. Elle sollicite les consciences ; elle n'est ni un prêt-à-penser, ni un prêt-à-agir. Les situations très simples sont rares. La difficulté croît dans l'entreprise car les intérêts s'y maquillent souvent. La raison d'entreprise n'est pas moins invoquée que la raison d'État.

Trop souvent l'abus de communication fait passer cette notion nouvelle pour une simple promotion qu'on dit aujourd'hui « corporate ». La référence morale n'apparaît souvent qu'avec les choix douloureux. Comme nous l'avons déjà vu, la défense de l'image n'a en elle-même rien d'une démarche morale. Mais dans les choix de délocalisation, d'implantation, de recrutement, des impératifs supérieurs peuvent donner à l'entreprise une autre dimension. Certes, il est alors très difficile de distinguer entre la bonne intention et le calcul d'intérêt. Seul signe : moins l'entreprise en fait la publicité, plus il est probable qu'elle se rapproche de la moralité. Il est logique qu'elle s'explique à ses salariés sur les choix de ce type ; il est encore préférable qu'elle les y associe. C'est une autre attitude que d'en faire la promotion externe.

Le repère de la responsabilité

Que reste-t-il d'une dimension morale dans ces usages de la responsabilité ? Comment des devoirs locaux peuvent-ils prendre valeur d'universalité ?

Revenons au concept. Répondre de ses actes dans l'entreprise consiste toujours à tirer les conséquences d'un engagement. Soit une décision, prise dans une instance donnée, après discussion et consultation, peu importe. L'homme qui, dans son établissement, va être chargé de l'appliquer peut être en désaccord avec cette décision. Dans la mesure où il dispose d'un pouvoir dans son territoire, il est dès lors placé en face d'un choix qui engage sa responsabilité. Il ne peut se réfugier derrière son dés-agrément. La notion de responsabilité fait sortir du dilemme « se soumettre ou se démettre ». En effet, si l'homme ne se démet pas, il doit déduire les conséquences de son approbation de fait. Il ne peut arguer du chômage menaçant ou d'autres raisons qui le contraignent à accepter une décision qu'il désapprouve.

Faire de chaque homme un responsable, c'est certainement lui ménager un pouvoir, un territoire. Cela peut concerner des hommes qu'on dirige, du matériel ou de l'outillage qu'on soigne, un bureau qu'on entretient. Dans tous les cas l'idée de responsabilité implique une sorte de débordement. La responsabilité n'a pas encore une valeur morale apparente lorsqu'on se contente d'être le gardien d'un territoire — il peut être une prison, un cachot ou un lieu de torture. Le balayeur qui, en nettoyant un pavement, remarque une fuite qui n'est pas de son ressort direct et la signale aux services de sécurité est un homme responsable : il ne s'est pas cantonné dans sa seule activité, il a pris en compte un intérêt plus général, lors même que juridiquement on n'aurait pas pu lui reprocher son silence.

Dans l'entreprise comme ailleurs, la responsabilité passe par la relation à autrui. Je ne suis pas responsable parce que je m'occupe bien d'une séquence précise dans la production d'un objet. La responsabilité ne se développe qu'à partir d'un sentiment d'appartenance à une collectivité plus importante qui produit et dans laquelle je suis inséré, de bon ou de mauvais gré. Ce peut être l'entreprise elle-même, peuplée d'hommes qui s'y agitent en tous sens ; ce peut être un bassin d'emploi, ou un environnement naturel, voire la cité elle-même. Pour évaluer la qualité de ma responsabilité, je dois *sortir*, c'est-à-dire opérer ce mouvement de décentration qui me confronte à la conscience d'autrui. Si l'on cantonne la responsabilité à un pouvoir sur un territoire, on la manipule. On essaie de faire passer pour un sens moral ce qui est pure efficacité locale. C'est pourquoi l'usage du mot doit toujours être examiné de près dans l'entreprise. Celle-ci peut être un lieu d'apprentissage comme un lieu de dérive. Mais l'insistance mise pour y développer la responsabilité individuelle constitue un progrès moral. Sous condition que les actes soient cohérents avec le discours. Et l'on sait que l'entreprise, soumise aux aléas d'une communication excessive, est toujours menacée par une contradiction qui retourne le discours en son contraire.

Autrement dit, d'un côté la responsabilité est un efficace outil de management ; elle est certainement positive dans la mesure où elle s'appuie sur des concepts — ceux-là mêmes qui sont les ingrédients de la responsabilité — qui sauvegardent mieux la dignité de l'homme qu'un taylorisme mécaniste. Son usage constitue un progrès pour notre société. Progressivement, l'entreprise enrichit son appréhension du concept de la responsabilité. Elle le fait en ouvrant l'horizon de ses responsables. Aujourd'hui, le patron d'un centre de production d'automobiles ne doit plus seulement répondre de ce qui se fait sur le lieu même de la production. Il ne peut plus se retourner vers l'amont — la mécanique par exemple —, il est responsable du véhicule dans sa totalité, tel qu'il est livré au client. Demain, lui-même et tous les acteurs qui concourent à la production auront de nouvelles exigences : au beau milieu des difficultés et des luttes dans lesquelles les engage une concurrence de plus en plus dure, leur propre responsabilité sera à la mesure du sens qu'ils auront réussi à donner à l'entreprise elle-même.

Car au-delà des techniques « managerielles », la responsabilité relève pleinement d'une recherche du sens qui travaille actuellement la plupart des organisations industrielles. Les objectifs quantitatifs — être les premiers sur notre marché, gagner x % en productivité, garantir un taux de croissance — sont insuffisants à donner une âme. La responsabilité peut y contribuer si elle est *singulièrement* définie dans chaque entreprise.

La politique
ou le jeu des responsabilités

Sans doute n'a-t-on jamais autant évoqué le concept de la responsabilité dans le monde politique qu'en ces dernières années. On peut ironiser sur cette scansion électorale, on peut aussi en saisir aisément les causes ou du moins les événements qui ont servi de détonateur : les scandales de la corruption, l'affaire du sang contaminé, le problème de l'emploi. Il serait superficiel de penser que la trop fameuse distinction de Georgina Dufoix est à l'origine de cette vogue, mais il faut y revenir rapidement. « Je suis responsable, mais pas coupable », disait le ministre. L'affirmation est juste, mais elle mélange abusivement des acceptions juridique et morale.

Dans l'affaire du sang contaminé, le ministre est responsable de son ministère : c'est son territoire, c'est son pouvoir. La justice peut trancher sur la culpabilité, encore que cela soit improbable. La responsabilité est une évidence qui, elle, est d'ordre moral. Elle impliquait alors non pas qu'on se défende, mais qu'on explique les faits dont on avait à répondre. Or ce discours n'a pas été tenu : les avocats se sont substitués à la réponse nécessaire. On n'a guère expliqué comment le cumul des mandats et l'ordre des priorités politiques avaient empêché l'exercice d'une responsabilité essentielle.

Hans Jonas a raison d'insister sur le rôle éminent de la responsabilité dans le champ politique. Elle relève de son essence même mais connaît de nouveaux avatars avec les complexités de nos démocraties. Il y a une trentaine d'années encore, l'exercice de la responsabilité se mesurait à la contradiction entre un temps relativement court, celui des échéances électorales, et un temps long par nature, celui de l'action politique. Cette dernière engage un État et des citoyens sur des voies qui vont au-delà des élections multiples. Le fait même que, dans notre république, le rôle de l'État soit en partie de garantir le long terme contraint l'homme politique responsable à se situer dans un temps difficile dont la rentabilité électorale n'est jamais assurée. Mais l'irruption des médias dans le corps même de l'action politique a nettement compliqué le rôle de l'homme politique : il doit vivre tous les jours la contradiction entre trois temps hétérogènes : le long terme, le temps des échéances électorales et le temps instantané du spectacle audiovisuel.

Il est aussi question d'espace : le politique est toujours face à un territoire dans lequel il exerce un pouvoir en droit défini comme une responsabilité, qu'il soit élu ou nommé.

Nous pouvons reprendre la question sous un autre angle. La république est fondée sur un trépied de nature exclusivement politique dont les éléments font système : un *État fort*, des *élus responsables* et des *citoyens reconnus comme acteurs rationnels*. Il serait indigent d'omettre ces derniers et d'en appeler uniquement à la responsabilité de la tutelle ou des délégués. Cette attitude reviendrait à ne considérer la responsabilité que dans son acception péjorative que nous avons déjà envisagée, lorsque s'organise la « recherche des responsables », cette inquisition qui enlève toute noblesse au concept moral de la responsabilité.

Or, tout l'intérêt de son usage dans la sphère politique me semble être de résoudre la contradiction qui souvent agite les relations du politique et de la morale. Le *temps des responsables* indique de nouvelles manières de vivre cette relation pleine de tensions et de difficultés. Si l'on aborde la question en partant du trépied républicain, on s'aperçoit assez vite qu'il est impossible que la responsabilité prenne sens autrement que dans la reconnaissance mutuelle des qualités ou identités de chacun, cette reconnaissance en relevant étroitement.

Dans les turbulences qui agitent nos institutions et notre société, la responsabilité doit être la référence cruciale des citoyens, des élus et de l'État.

La responsabilité du citoyen

C'est peut-être aujourd'hui le personnage le plus oublié dans la cité, c'est-à-dire celui qui précisément l'habite et en est par principe l'acteur principal. En son concept, le citoyen est un être rationnel et responsable. Certes, chaque homme est animé de passions, de désirs, de pulsions qui ne permettent pas de toujours augurer des pensées et des actes rationnels de sa part. Mais l'homme n'est pas encore le citoyen. Ce dernier est l'objet d'une pétition de principe, fondatrice de la république. La passivité, l'apathie, l'indifférence par rapport à la chose publique sont contradictoires avec la notion même de citoyen. Certes les cas existent, comme il existe bien des actes immoraux. Mais c'est n'être pas responsable que d'en reporter tout le poids sur l'homme politique ou l'État quand soi-même on se désintéresse de leurs actions : nous retrouvons là le symptôme du non-responsable qui se retourne pour désigner un autre homme ou une autre instance. Le repli sur soi, l'égoïsme ou l'individualisme sont le cimetière de la république.

C'est là le point sur lequel l'école, la famille et l'ensemble des moyens de communication ont le plus faibli dans les dernières décennies. Certes, quand nous naissons nous entrons dans un système politique et social auquel nous ne pouvons rien car nous ne l'avons pas choisi. Mais les premières expériences conscientes que nous avons de ce système et les comparaisons que nous pouvons faire avec d'autres nous montrent assez la chance que nous avons, malgré les mille imperfections de notre société. Cette chance nous est donnée sans que nous ayons rien fait pour cela. C'est comme un legs des générations antérieures.

Il est dangereux de parler à ce propos d'« acquis », comme si le sens de l'Histoire était joué une fois pour toutes ; comme si la république était une évidence. Car même si la force de notre république résiste à bien des attaques et à des indifférences, chaque citoyen doit s'en sentir responsable. C'est une institution, mais elle ne prend corps que dans les citoyens qui la constituent. Elle pourrait vite devenir un cadre très creux si elle n'était animée par des citoyens responsables. Or nos systèmes d'éducation restent trop silencieux sur notre responsabilité individuelle quant aux institutions qui nous encadrent et organisent notre vie collective. Tout se passe comme si le système politique dans lequel nous vivons était déjà-là, déjà-donné. De ce fait, le sentiment d'appartenance à la cité demeure diffus et nos devoirs se réduisent à quelques opérations électorales qui semblent en partie nous dépasser. La conviction que les grandes décisions nous échappent, que

« tout passe bien au-dessus de nos têtes » nous fait oublier nos propres responsabilités politiques. Pis encore, le fonctionnement de notre démocratie peut faire passer la démarche électorale pour une délégation de responsabilité. Il serait dangereux que le citoyen ne manifeste son existence qu'à intervalles réguliers et programmés, dans l'abandon même de sa responsabilité.

Tocqueville évoquait à ce propos deux acteurs indispensables : la presse et les associations. Ces dernières concernent directement le citoyen en tant qu'acteur.

Un étonnant malentendu se joue entre les élus et les associations. Tout élu responsable devrait se réjouir de trouver en face de lui des formes d'expression qui constituent autant d'interlocuteurs. Or c'est effectivement le contraire qui se passe. Dans la forme même, tout élu devrait approuver une démarche qui associe des citoyens sur des projets précis. En elle-même la démarche est intéressante pour tout républicain : des hommes et des femmes sortent de la simple partialité familiale et choisissent de consacrer du temps à la cité en s'engageant dans une démarche collective. Ils dépassent l'individualisme spontané pour se réunir, discuter et proposer. Et bizarrement, dans la plupart des municipalités ou Régions, ces associations sont très mal vécues, comme contestataires. Il ne s'agit pas ici de tomber dans l'illusion de la démocratie directe et de l'expression spontanée. Mais il faut valoriser ce mouvement qui fait sortir de soi, de la cellule familiale, pour proposer aux élus des idées, des critiques ou des opérations qu'ils n'ont pas prévu de mettre à l'ordre du jour. Certes de nombreuses associations sont soutenues par l'État ou des collectivités locales, mais elles voient souvent leurs subventions menacées dès qu'elles prennent un tour trop critique ou revendicatif ; le soutien est plus financier que moral, comme s'il fallait plutôt satisfaire des électeurs qu'inciter à l'action et à la réflexion dans la cité. De façon générale, l'association corporatiste — d'un enjeu électoral plus puissant — est mieux écoutée et subventionnée que l'association militante qui prend des initiatives d'intérêt général.

Chaque fois qu'un citoyen s'associe, cela signifie qu'il s'ouvre aux autres et qu'il décide de prendre une responsabilité collective dans la cité. L'objet peut en être très particulier, le mouvement doit en lui-même être valorisé. Car c'est agir en citoyen responsable que de contester un type de transports en commun ou de promouvoir des activités culturelles. Loin de s'effaroucher ou de contre-attaquer — toujours sur le thème « nous nous sommes mal fait comprendre », « nous avons un problème de communication » —, l'élu responsable devrait se satisfaire de ces comportements volontaristes.

Nous vivons en France dans un pays profondément républicain : généralement les citoyens ne se désintéressent pas de la chose publique ; ce sont plutôt les politiques qui se sont désintéressés des citoyens. Le référendum sur Maastricht, les taux d'audience lors de grands débats télévisés, les manifestations de rue lors d'enjeux jugés importants le montrent assez.

En tant que citoyens nous sommes à la fois responsables de nos actes et de nos réflexions. Nous avons à agir mais nous avons aussi à donner des avis, c'est-à-dire à intervenir dans la cité. On pourra regretter par exemple qu'une procédure institutionnelle comme le référendum — d'initiative populaire, parlementaire ou minoritaire, comme l'on voudra — n'ait pas été retenue dans la dernière réforme de notre Constitution. Elle permet l'élargissement de débats trop concentrés entre les mains et les têtes de quelques-uns. Le citoyen peut accroître son sentiment de responsabilité ; encore faut-il que son destin ou celui de ses enfants dépende peu ou prou du politique. La fin des grandes utopies peut être démobilisatrice. Pourtant il existe aujourd'hui de grands et petits enjeux dont nous portons la responsabilité vis-à-vis de nous-mêmes et des générations futures : l'emploi, l'environnement, la solidarité, l'eugénisme, etc. La forme même de nos institutions conduit à penser que nos élus ont une part de responsabilité décisive dans la reconstitution de la citoyenneté.

La responsabilité de l'homme politique

L'homme politique occupe une place à part dans la république. Il y est sans aucun doute investi d'une responsabilité singulière. Dans le jeu des responsabilités qui marque nos institutions, il a par principe le dernier mot : il prend les décisions et doit suivre leur application. Le trépied républicain est par nature déséquilibré : les responsabilités du citoyen et de l'État dépendent en grande partie des décisions politiques. Autrement dit, il appartient aux politiques de veiller à la fois sur le citoyen et sur l'État pour s'assurer qu'ils peuvent effectivement exercer leurs propres responsabilités.

Mais s'il a le dernier mot, l'homme politique n'a pas souvent le premier. Les conditions de son action sont de plus en plus difficiles, comme le montre la triple contradiction entre le temps de l'action politique, le temps des échéances électorales et le temps médiatique. Or c'est précisément dans cette difficulté et cette complexité croissantes que sa propre responsabilité lui devient un repère indispensable. Elle lui permet d'opposer le courage politique à la fascination des sondages, l'exigence du long terme aux jeux télévisuels, le souci des opérations effectives à l'annonce des décisions spectaculaires.

La politique est la sphère du pouvoir. Suggérons une approche nouvelle qui commence à poindre : le pouvoir est avant tout une responsabilité. Y accéder devient par là même un risque qui inquiète autant que le maroquin fascine.

Et puisque nous sommes dans la sphère morale, nous savons que l'énoncé des devoirs est ici inévitable. Nous savons que le pouvoir est intimement lié à la fonction politique. Et même si le désir en est rarement avoué, il est omniprésent dans les motivations de ceux qui revendiquent de prendre en charge un mandat électif ou un portefeuille ministériel. Dans les meilleurs des cas, il se mélange avec le souci de l'intérêt public et avec des convictions profondes. En cela rien n'est choquant, sauf la dénégation permanente du désir, bien que nous la sachions inévitable dans une démocratie où chacun feint de n'avoir pour mobile que les intérêts du peuple. Mais comme aucun citoyen ne se fait d'illusions sur ce thème, le jeu n'est pas très inquiétant.

Par contre, notre république se doit de toujours mettre en avant les responsabilités qui s'attachent à chaque poste de pouvoir. Elle ne conserve son sens que dans cette perspective. En tant que tels les citoyens sont en droit d'exiger qu'un responsable soit à même d'exercer l'ensemble des responsabilités pour lesquelles il a été désigné. C'est pourquoi le cumul des mandats est essentiellement contradictoire avec le sens des responsabilités. Il est vrai qu'il peut accroître le pouvoir d'un élu et agrandir de façon significative sa surface sociale. Mais il présente deux inconvénients qui annulent tous les arguments spécieux qui tendent à le justifier : d'une part il empêche une certaine diffusion des responsabilités, dans la mesure où des citoyens différents pourraient les exercer de plein droit ; d'autre part, l'addition des territoires de pouvoir rend ineffectives les responsabilités qui pourraient s'y exercer. L'affaire du sang contaminé est suffisamment explicite sur ce point : tous les ministres qui en ont eu la responsabilité étaient toujours ailleurs, préoccupés d'autres tâches. Georgina Dufoix cumulait les fonctions de porte-parole du gouvernement, de ministre de la Santé et des Affaires sociales, de membre du comité directeur du parti socialiste, de conseiller général du Gard et de plus préparait sa campagne pour les législatives dans le même département. Le hasard a voulu que l'épidémie tombât sous son ministère, mais l'exemple devrait servir de leçon à tous les politiques qui, par chance, n'ont pas eu ce genre d'affaire sous leur autorité. Il en était à peu près de même pour Edmond Hervé. Il pourrait en être de même aujourd'hui pour Alain Juppé qui cumule les fonctions de ministre des Affaires étrangères, de secrétaire général du RPR et de maire de Bordeaux.

Bien sûr, il ne suffit pas de limiter ses mandats pour être un élu responsable, mais le contraire est un symptôme très soupçonnable. On en connaît les raisons : comme les entreprises, les médecins ou les journalistes, les politiques sont tiraillés par les exigences de la concurrence et de la compétition qu'ils se livrent entre eux. Or c'est précisément dans ces tensions et les difficultés nouvelles de l'action politique que la responsabilité prend tout son sens.

Dans le cadre de ses fonctions, la définition juridique de la responsabilité civile ne suffit pas à qualifier la responsabilité politique de l'homme qui consiste avant tout pour lui à répondre de ses actes dans le cadre républicain. En tant que tel, il a des devoirs qui découlent de la nature de son mandat. D'un côté, il se doit de considérer ses concitoyens comme des acteurs rationnels dans ses discours comme dans ses actes ; de l'autre, il doit penser que son pouvoir n'est effectif qu'à l'échelle de la responsabilité qu'il a prise. Dans la république, l'élu doit répondre de ses actes *devant* les citoyens qui lui ont délégué un pouvoir. Ce pouvoir ne prend sens que dans la responsabilité qu'il implique. Et il ne suffit pas de renvoyer à la prochaine échéance électorale pour vérifier la pertinence de son action.

En ce sens la responsabilité est un repère décisif pour l'homme qui fait de la politique sa carrière. Plus que tout autre, il s'engage dans une voie difficile et risquée. C'est pourquoi il est tout à fait logique que les citoyens soient d'une exigence forte vis-à-vis de leur délégué. La responsabilité est la dimension morale que la république donne à l'action politique. Elle doit en être la référence constante. Des détournements de fonds publics, de la corruption, des cumuls excessifs, il est impossible de répondre.

Plus que pour tout autre, le temps des responsables est à prendre dans toutes les acceptions. Sans doute peut-on même affirmer aujourd'hui que l'homme politique doit commencer par être responsable de son propre temps pour être un responsable de notre temps. Écartelé entre ses mandats, ses représentations, sa communication et tout un jeu d'urgences microcosmiennes — où l'agitation tue la cogitation —, il sauvegarde trop peu de temps pour sa propre réflexion. Celle-ci est certainement la première condition de sa responsabilité.

La responsabilité de l'État

Cette remarque semble d'évidence quand on considère le peu de temps qui est effectivement consacré à la réflexion sur l'État. Depuis les critiques de Tocqueville, la négation des anarchistes et l'exaltation des marxistes, le cours des choses a profondément transformé la vision théorique et pratique de l'État.

La réflexion sur la responsabilité de l'État devrait se situer au principe de toutes les décisions politiques. Il n'en est malheureusement rien. Les modes et les idéologies font fi des transformations qui méritent d'être scrutées. Cette carence transforme en bricolage ce qui pourrait être stratégie.

Ainsi en est-il de privatisations réduites à des opérations financières ou à l'énoncé d'un catalogue ; en faisant l'économie d'une réflexion fondamentale, on se préoccupe de trésorerie quand il faudrait penser les grands équilibres. Or, que peut-on entendre par l'expression « responsabilité de l'État » qui revient de façon aléatoire dans les discours politiques ?

Reprenons les ingrédients du concept et débarrassons-le, une fois de plus, de son parasite juridique : un territoire, un pouvoir, une conscience, une réponse et une notion de causalité. Dans le cas de l'État, il convient d'abord d'en définir la mission. La relation avec la nation implique une garantie d'indépendance ; le concept de la république induit l'égalité, la liberté et la fraternité ; enfin, l'État assure le long terme dans un monde bousculé par des exigences temporelles beaucoup plus courtes.

Toute responsabilité implique l'identification d'un pouvoir. C'est pourquoi la décentralisation mal conduite peut aboutir à une véritable dilution des responsabilités. La décentralisation ne saurait d'ailleurs être une finalité en elle-même. Tous les concepts susdits sont prioritaires. Cela signifie qu'une décentralisation ne peut se justifier que dans la mesure où elle diffuse la responsabilité sans la diluer : elle permet alors au citoyen d'être conforme à son concept sans pour autant qu'il y ait, de la part de l'État, aucun abandon de sa responsabilité essentielle et première. Tel est le rôle de la législation, commune à tous, qui garantit les valeurs premières de la république. Ainsi une autorité décentralisée qui irait à l'encontre des principes d'égalité devrait-elle être remise à sa place par l'État.

La force de l'État est dans sa responsabilité et réciproquement. Le territoire est national, par définition. Tout un système de délégations répartit les responsabilités, mais le territoire reste national. Il interdit les abandons à un territoire plus vaste — l'Europe — comme à un territoire local — une Région, ou une municipalité.

Il est vrai que l'État peut se lasser de ses lourdes responsabilités. Elles pèsent sur son administration. Notre république, responsable de l'égalité des citoyens, a certainement raison d'effacer certaines différences trop coûteuses pour être supportées par les citoyens eux-mêmes. C'est le rôle d'EDF ou de la poste que d'assurer un service dont le coût est également réparti — du moins le plus également possible — sur l'ensemble des citoyens, qu'ils habitent une grande ville ou des régions montagneuses et reculées.

La notion de territoire peut être purement géographique dans le cas de la nation et l'être moins dès qu'elle définit un espace de pouvoir. Cet espace de pouvoir ne se délimite qu'en fonction des notions clefs qui identifient la république. L'État, garant de notre indépendance nationale, ne peut ignorer le rôle de son intervention dans le secteur économique. Il n'y est pas présent pour faire du profit — comme c'est le but légitime de toute entreprise — mais pour conserver des leviers de sa politique : que serait un État qui n'aurait plus le moyen d'agir sur les choses ? Le cas du chômage et le cas de l'insertion déjà évoqués sont à cet égard significatifs.

L'État vit une contradiction étonnante : on en appelle souvent à sa responsabilité et pourtant, il est constitué d'un corps de fonctionnaires souvent accusés de n'être pas responsables. Outre que cette affirmation est très injuste, il convient de s'interroger sur ce paradoxe, sur cette contradiction apparente. Elle vient certainement du statut même de fonctionnaire, de sa stabilité, de sa sécurité. Dans tous les sondages, depuis qu'il en existe, invariablement, on peut lire que la situation de fonctionnaire est celle que souhaitent en majorité les parents pour leurs enfants. Il faut ajouter que, dans de nombreux cas, les fonctionnaires ne sont pas responsables civilement des fautes qu'ils commettent ou des risques qu'ils font prendre à autrui. La critique qui sourd dans l'accusation souvent entendue se réfère à un point précis, qui n'est pas spécifiquement juridique : il semble que les fonctionnaires n'aient pas à répondre de leurs actes, que leur situation soit assurée quels que soient leurs actes.

Or, si de nombreuses carences ont pu être constatées dans le passé, nous savons aujourd'hui qu'elles ont souvent été dues à des erreurs de management. On le voit clairement à travers tous les efforts qui sont faits pour rénover le service public ou pour transformer les mentalités dans certaines entreprises publiques. Auparavant, tout était conçu sur le mode de la surveillance et du pouvoir ; les meilleures expériences réalisées à EDF ou France Télécom montrent qu'un management fondé sur la responsabilité des hommes et des dirigeants transforme la nature du service rendu. Ce n'est donc pas affaire de statut mais de comportement. D'ailleurs l'exemple des entreprises japonaises, qui à beaucoup d'égards ressemblent à notre service public, montre assez que le statut n'est pas ce qui détermine les actes des hommes. Quand, dans l'État, les fonctionnaires correspondent à leur caricature, c'est avant tout de la responsabilité des dirigeants qui définissent mal les missions et qui ne parviennent pas à faire passer ce sens de la responsabilité directement lié à l'essence même du service public. Avant de se lancer dans une politique d'abandon qui prétend sanctionner l'irresponsabilité de ses propres fonctionnaires, l'État devrait se préoccuper des transformations qu'il doit lui-même opérer pour assurer ses missions. Nous en revenons donc à la responsabilité propre de l'homme politique qui en détient les rênes.

Le jeu des responsabilités est la condition nécessaire d'une république authentique. Horizon de l'État comme de l'élu et du citoyen, la responsabilité devient une référence commune. Sa présence récente dans les discours des uns et des autres est un symptôme encourageant. Pour aller plus loin, il faut passer aux actes et notamment prendre en compte les actes de formation et d'éducation qui y sont décisifs.

Mais la responsabilité des différents acteurs de la république ne prendra tout son sens que si elle s'étaye sur une réflexion fondamentale que les urgences d'actions souvent lilliputiennes tendent à obérer. Au-delà des idéologies — libérale ou collectiviste —, la responsabilité politique ne pourra se fonder que dans une définition du sens de l'État. Cette réflexion est certainement le prolégomène à toutes les responsabilités futures.

Médias
ou la responsabilité d'une efficacité singulière

Rien d'étonnant de voir à intervalles irréguliers la presse ou les médias accusés d'un suicide, d'un accident ou d'un crime. Leur intervention dans l'espace public les rend particulièrement vulnérables sur la question de la responsabilité. C'est d'une certaine manière justice. Voilà des professions pour lesquelles n'est souvent requise aucune qualification spécifique, même s'il existe de bonnes écoles. Dès un très jeune âge, des hommes et des femmes disposent de moyens démesurés par rapport aux autres citoyens. La responsabilité fait donc intimement partie du contenu même de la tâche journalistique au point de devoir la définir. Encore ne faut-il pas se laisser hypnotiser par l'usage juridique de la responsabilité : comme nous l'avons vu, il conduit à ne penser la responsabilité qu'en termes de fautes. Même si cette dimension existe, l'essentiel est ailleurs et doit être formulé dans un discours positif.

Évitons donc d'accuser « les médias » dans leur généralité, comme on le faisait souvent à propos de « la société ». Pas plus que cette dernière les médias ne sont un sujet pensant et agissant qui puisse être dit responsable. Ils sont divers dans leur activité de communication. Outre le secteur économique, il leur reste un seul point commun : occupés par des hommes et des femmes, ils dépendent entièrement de leur propre sens des responsabilités. De ce fait, s'il est inepte d'énoncer la responsabilité générale ou collective des médias, il est pertinent de l'évoquer quant aux hommes qui les peuplent et quant aux institutions ou entreprises qui les structurent.

Les responsabilités individuelles

Commençons par les personnes. Elles circulent dans un monde dont les modes de comportement et les façons de vivre sont assez singuliers. A l'échelle de l'Histoire, c'est un monde tout neuf ; au regard de notre siècle, c'est aussi un univers tout récent car son emprise sur la société en a profondément transformé les conditions d'existence et d'action. C'est donc aussi souvent un lieu sans références fortes étayées sur une expérience de longue durée. On y raisonne un peu à tâtons ; on y agit en fonction de convictions quelquefois fortes, mais toujours éparses et mal distribuées. On y mène la plupart du temps une vie très déséquilibrée, faite de tentations multiples et de jouissances équivoques. Des réflexions nouvelles s'amorcent ici et là, à l'intérieur du milieu comme à l'extérieur, toutes animées par la certitude qu'il lui faut des repères : il en est besoin pour éviter les dérives qui se multiplient avec la technique et la compétition. Or, pour l'instant, on ne parvient à raisonner qu'en termes d'exemples individuels, pratiquant des exercices d'admiration pour des animateurs de référence ou de nostalgie pour des situations antédiluviennes — c'est-à-dire antérieures à l'état présent d'une « concurrence acharnée ».

Si nous nous en tenons aux aspects de l'information dans la plupart des organes de communication, nous constatons que la fréquente absence de formation professionnelle — puisqu'elle s'effectue essentiellement sur le tas — n'engendre pas le danger le plus menaçant. Nous sommes face à une profession pour laquelle la responsabilité est certainement désormais une référence majeure parce qu'elle constitue le contenu même du travail, voire un élément essentiel du statut professionnel.

Les principaux ingrédients du concept sont inégalement présents. Dans l'ordre : le *pouvoir* est aujourd'hui constitutif ; mais c'est un pouvoir singulier. Communiquer c'est d'abord *rendre commun*. Informer c'est mettre en forme, donner une forme. Le pouvoir est d'abord d'influence. Mais il s'agit là d'un pouvoir de grande efficacité, puisque le territoire n'est pas circonscrit comme dans d'autres cas : c'est quelquefois un département, voire une région ; c'est aujourd'hui pour les grandes chaînes télévisées notre société nationale, et demain sans doute l'Europe et le monde.

Ces métiers impliquent en permanence l'intervention d'une *conscience* qui se trouve face à des choix : un nom prononcé, un événement tu, une investigation menée à terme, des images diffusées, et toute une société s'en trouve affectée, modifiée, transformée. Cette conscience agit en multipliant ses décisions selon des processus de sélection qu'elle détermine elle-même ou qu'elle laisse s'effectuer en fonction d'éléments extrinsèques : ainsi la concurrence entre les institutions menace-t-elle sans cesse le processus de sélection ; ainsi la conscience peut-elle s'effacer devant d'autres exigences, économiques, financières, politiques.

Mais il est une autre singularité encore plus déterminante. Elle tient au type même de l'efficacité à l'œuvre dans cette profession. Et c'est cette efficacité qui fait de la responsabilité l'étoile Polaire du journaliste ou de l'animateur.

On peut s'étonner que la plupart du temps le « devoir d'informer » — souvent pure fiction justificatrice — soit davantage mis en avant que le devoir induit par la responsabilité propre de cet émetteur d'un genre particulier qu'est le journaliste.

Comme tout homme dans son activité professionnelle, le journaliste agit. Il use de la parole, de l'écriture et de l'image. Son acte s'épuise très vite. Il est facilement circonscrit : le papier est rendu, le journal télévisé animé, la rubrique achevée. Ce sont des actes simples. Répondre de cet acte est chose aisée : la signature désigne le responsable, ou le visage ou la voix. Le recours au devoir d'informer voudrait faire croire que la moralité s'arrête là. Or elle ne fait que commencer. En effet l'efficacité est à la mesure du pouvoir dont on dispose. Et devant la multiplicité des effets induits par la diffusion d'une information ou la présentation d'un reportage, le journaliste peut renoncer à voir plus loin que son acte. Il peut limiter son évaluation à la quantité objective des points d'audimat ou du tirage de son journal. La tentation est grande car les revenus des personnes s'évaluent à leur impact et aux ressources publicitaires qu'ils procurent par l'audience qu'ils recueillent.

En mettant l'éclairage sur un phénomène de société ou sur un événement, en qualifiant les personnes d'adjectifs variables, le journaliste ne contribue pas seulement à forger l'opinion. Les séries causales qu'il détermine par ses actes sont souvent d'une nature différente. La singularité exceptionnelle de son action réside dans cette efficace atypique : il induit non seulement des opinions, non seulement des images mais aussi des *actes*. Quelques événements récents le montrent avec éclat : qu'il s'agisse de H. B. ou de Christian Didier, il est clair que leurs actes ont été presque entièrement déterminés par la couverture médiatique qu'ils en attendaient. Érostrate n'est plus l'exception, il devient la règle ; ce n'est plus une fiction antique ou sartrienne, c'est le lot de maintes actions. Ainsi voit-on des syndicalistes entraînés à des manifestations violentes, à des démonstrations de force pour pouvoir s'assurer d'une couverture médiatique. Pour passer à l'antenne, pour alerter l'opinion, il faut frapper fort.

La conscience individuelle du journaliste ne peut se réfugier derrière les pathologies supposées des hommes. Dans chaque cas, il est clair que ce sont des actions antérieures de certains hommes — les journalistes — qui ont incité d'autres hommes à agir de la sorte. Bien sûr ce sont des effets médiats. On peut toujours feindre de les ignorer, mais ils concernent en leur plein sens la responsabilité de l'homme d'information. Le « devoir d'informer » est une fiction derrière laquelle on se cache pour éviter de penser et dire des choix autrement fondamentaux. Lorsqu'un directeur de rédaction est en position de décider s'il va dépêcher une équipe sur le lieu de tel ou tel événement, il se trouve face à un choix de nature morale. En effet, la pression de la concurrence — et l'audimat qui en dépend —, c'est-à-dire son intérêt propre, le pousse à ne pas trop s'interroger sur son acte. L'attitude morale constitue un risque d'autant plus grand qu'elle n'aura qu'une très faible efficacité et sera le plus souvent ignorée. Il peut être utile de s'en expliquer, mais l'effet positif est loin d'être garanti.

Cet exemple est significatif car il contient tous les paramètres de la morale : la conscience, le devoir et le risque pris contre son intérêt propre. Il est par ailleurs caractéristique car la responsabilité du journaliste est directement liée à la singularité de ses actes : simples dans leur forme et dans leur énoncé, ils sont beaucoup plus complexes dans leurs effets. Ce métier permet de se dissimuler très facilement les enjeux de la responsabilité.

Il est souvent très périlleux de porter des jugements rapides : dans certains cas, des hommes de presse écrivent avec légèreté contre des personnes publiques ou privées ; dans d'autres, c'est précisément leur action d'investigation qui empêche d'étouffer une affaire et force la justice à suivre son cours. Hors les procédures légales de suspension, de censure ou de poursuites pour diffamation qui sanctionnent justement les manquements déontologiques, la responsabilité est beaucoup plus profonde. Elle concerne aussi bien les hommes des supports privés que des supports publics.

En effet, comme nous l'avons vu, dans son concept général, la responsabilité suppose toujours que l'homme responsable soit capable de se mettre à la place d'autrui, pour lui répondre. Or rien ne menace plus cette décentration nécessaire que la constitution de microcosmes où l'on vit entre soi, dans les sympathies et les haines, et surtout dans les jeux de concurrence interne et externe. La consultation des indices d'écoute est une nécessité du métier. Mais s'ils limitent l'horizon de la réflexion, la responsabilité exclusivement locale s'arrête à la première conséquence d'un acte sans jamais aller au-delà. C'est souvent dans la lutte qu'apparaissent des questions morales : des risques s'y prennent effectivement si l'on se préoccupe de répondre de ses actes devant autrui, ou devant sa propre conscience. Il est clair que le changement du statut des journalistes, de l'information et de certains médias constitue une transformation si radicale que maints repères ont disparu. La responsabilité indique donc une référence cruciale.

Il ne faut d'ailleurs pas limiter cette responsabilité aux cas tragiques ou exceptionnels. Elle est à la mesure des pouvoirs acquis. Elle est constitutive du travail même effectué par les hommes de ces métiers. L'échec ou le succès d'un homme politique, d'un chanteur, d'un écrivain, d'un réalisateur sont aujourd'hui en grande partie déterminés par eux. C'est pourquoi toute forme de corruption est intolérable. Peu importent, encore une fois, les actions judiciaires entreprises : le temps de la morale n'est pas le temps de la justice. Car les affaires récentes montrent assez à quel point la responsabilité doit être la référence, au-delà de toutes les condamnations et de tous les acquittements qui pourront être prononcés. En accusant un célèbre présentateur de « recel et d'abus de biens sociaux », on passe complètement à côté du problème moral qui est posé : il n'est pas de savoir si l'argent ou les faveurs reçus viennent d'un abus de biens sociaux mais si un processus de corruption a fait perdre toute responsabilité à ce journaliste. Le déplacement judiciaire d'une telle affaire obère son sens moral.

La responsabilité des institutions

Par la qualité de leurs documents, commentaires ou reportages, les hommes de presse et de télévision contribuent également à la formation du citoyen. Ils tiennent aujourd'hui leur place à côté de la famille et de l'école. C'est en tout cas la responsabilité patente d'une télévision publique, toujours menacée en tant qu'institution par les dérives financières et les ambitions personnelles de certains journalistes. Les contraintes sont encore plus fortes dans le cas du service public, car la responsabilité concerne directement la mission qui lui est donnée. Elle se déduit de l'identité même de l'institution. C'est pourquoi toute référence à la responsabilité passe par une réflexion sur l'âme du service public et sa singularité. Les contraintes les plus visibles — audience, budget, publicité — doivent être évaluées par référence à cette mission. Encore faut-il évidemment que celle-ci soit bien définie.

Par exemple, dans le cadre de la république, les flux d'images et de paroles produisent des effets qu'une institution publique se doit de maîtriser. Un service public, quel qu'il soit, s'adresse toujours à des citoyens. Une des premières réflexions d'Édouard Balladur comme Premier ministre fut d'une grande pertinence à cet égard : il regrettait que le service public ne fût pas plus préoccupé de proposer aux citoyens de grandes émissions politiques, comme c'était le cas lorsqu'il n'était pas confronté à la concurrence des chaînes privées. Si la responsabilité consiste bien à toujours se référer à un ensemble plus vaste que celui auquel on appartient immédiatement, il est clair que le service public a des responsabilités qui concernent directement la sphère politique. S'il ne sollicite pas la conscience des citoyens, s'il perd toute vocation d'éducation civique, il perd son âme et sa raison d'être. Sa responsabilité ne se limite pas au domaine du mesurable : elle ne se restreint pas aux étalons fabriqués par d'autres pour effectuer de rapides comparaisons. En s'installant dans la seule concurrence, il abandonne une de ses responsabilités essentielles. Il ne répond plus de ses actes puisqu'ils deviennent contradictoires avec sa propre identité.

La responsabilité comme résistance

Mais dans notre système concurrentiel, l'entreprise, quelle qu'elle soit, vit sous la contrainte de l'audience.

Celle-ci impose des sélections, des ciblages et une habile pondération des développements. Le journaliste ne peut se contenter de répondre sur son seul acte, son seul écrit ou sa seule parole, isolés de leurs conséquences. La menace morale qui pèse sur son métier est claire dans sa formulation : soit un acte quelconque — journal télévisé, article ou émission — ; comment éviter que cet homme n'ait à répondre que de cet acte même et de l'audience qui en découle, sans prendre en compte les séries causales qu'il enclenche au-delà de l'audience obtenue ? Or les deux éléments de la parole et de l'audience se situent dans un temps très court qui ne permet pas de mesurer la responsabilité d'un homme. Tout au plus aura-t-il pu satisfaire ou indisposer sa propre direction par le jeu, bon ou mauvais, des deux éléments. La fascination qu'exercent aujourd'hui les évaluations quantifiables peut détourner de la vraie responsabilité pour la réduire à une simple logique d'entreprise ou de métier. Sans doute cette profession n'a-t-elle en fait jamais été dans une situation aussi malaisée.

Mais sa responsabilité l'oblige à voir plus loin, dans l'ordre des séries causales. L'insertion de l'acte dans un espace immédiatement public ne peut être occultée. C'est pourquoi la défense coutumière sur le mode « je n'ai fait que mon métier » est un tour de passe-passe qui permet de se défausser de toute responsabilité. On devrait, dans les écoles de journalisme ou dans l'apprentissage sur le tas, multiplier des exercices d'un type nouveau : « A partir de la possession d'une information donnée, essayez de prévoir sur un temps déterminé les effets comparés de votre silence et de votre parole. Une fois la prévision faite, répondez, devant les citoyens, de votre acte ponctuel comme de son efficace. »

Les hommes qui travaillent dans la plupart des médias

sont ainsi confrontés eux-mêmes à la situation qu'ils imposent aux autres. Ils poussent les hommes politiques à raisonner et à décider dans un temps court qui, par nature, n'est pas l'élément du politique. Mais eux-mêmes sont pris au piège de ce temps court. Car ils sont aujourd'hui les hommes qui sont le plus rapidement évalués. Il n'est pas certain qu'on accorde, en cette fin de siècle, à un Pivot le temps qui lui avait été laissé pour installer *Apostrophes* et en faire l'émission populaire de qualité que l'on savait. Nous vivons de plus en plus dans le mesurable et dans le quantitatif. Comme une direction ne dispose pas des outils nécessaires pour mesurer sur le long terme les effets d'une émission de qualité, elle se fonde essentiellement sur la quantité disponible dans le très court terme.

Nous nous installons dans la caricature avec le mode de calcul de l'audimat : on n'inclut pas dans les chiffres d'audience les enregistrements sur magnétoscope. La raison en est claire : quand nous enregistrons une émission nous coupons ou faisons sauter les publicités ; par conséquent ce chiffre ne peut guère intéresser un annonceur. A l'extrême limite improbable, une émission pourrait être très regardée en différé et donc produire des effets sur toute une population de citoyens, et pourtant être dotée d'un chiffre d'audience ridicule pour la plus grande gloire des annonceurs. Autrement dit, la pression qui s'exerce sur l'ensemble des acteurs de la télévision tend à restreindre toujours plus l'espace et le temps des conséquences dont il faudrait répondre : si un téléspectateur regarde une émission enregistrée le lendemain de sa diffusion, le temps est déjà devenu trop long pour l'évaluation de son émetteur.

Mais, justement, le principe de la responsabilité comme référence morale ne prend son sens que dans ces tensions, ces contraintes et ces difficultés nouvelles. La redéfinition des pouvoirs et des espaces de liberté laisse les acteurs face à des choix et à des décisions qui le requièrent. Les divers devoirs qui peuvent s'exprimer comme leurres ou comme réalités — « devoir d'informer », « devoir d'audience » — doivent être subordonnés à ceux qu'implique la responsabilité. Peut-être les journalistes et les animateurs des différents médias vivent-ils aujourd'hui les situations les plus difficiles au regard de cette référence. Ce n'est guère étonnant : l'exigence de la responsabilité est à la mesure des pouvoirs qu'on exerce. Elle est aujourd'hui, dans les grands médias, la norme efficace d'une résistance indispensable.

Les professions médicales ou au-delà de la déontologie

La question de la responsabilité dans les sciences médicales est largement parasitée par l'invasion des hommes de droit. L'exemple américain — par les craintes qu'il suscite — conduit trop souvent à raisonner en termes juridiques plus qu'en termes de moralité.

C'est l'occasion de faire à nouveau le point sur cette différence. Avant la morale, le droit a mis au centre de son système conceptuel la notion de responsabilité. Il la prend presque toujours dans cette acception où il s'agit d'imputer une faute, c'est-à-dire de rechercher puis de trouver un responsable. On le voit lors des débats qui concernent une catastrophe ferroviaire ou les accidents du travail. La formulation du problème est entièrement dictée par la question : « Qui va payer ? » Le statut vaut plus que l'acte. Le pouvoir prend le pas sur la dimension morale de la responsabilité. Chacun fuit et multiplie les dénégations, au besoin en accusant l'autre. Les enjeux financiers la plupart du temps, symboliques quelquefois, enlèvent toute sérénité à la réflexion morale. Celle-ci ne se préoccupe pas de condamner ou de faire payer. C'est une autre tâche.

Des juges ou de Dieu. Le discours moral doit s'extraire de cette gangue accusatrice qui a fait son discrédit passé, de cette hargne qui en était même devenue l'essence.

La menace américaine pèse sur les consciences. Tout un système d'assurances se met en place pour couvrir les erreurs, les fautes et les accidents. Ainsi voit-on pratiquement la responsabilité réduite à l'inessentiel, c'est-à-dire à ce qui peut coûter cher à l'individu lui-même, en l'espèce le médecin dans l'exercice de ses fonctions. Cette évolution des pratiques et l'invasion de la responsabilité civile dans les professions médicales aboutissent au contraire de ce que nous pouvons penser comme une responsabilité morale du médecin.

On voit bien une fois de plus que la responsabilité perd son sens quand elle s'englue dans les mécanismes de la défense corporatiste. Elle n'est qu'un avatar de l'égoïsme. La leçon est assez claire : quand la notion de responsabilité n'est perçue que comme un danger et non pas comme un risque, comme une menace et non comme une initiative, comme un prix et non comme un pari, elle devient totalement dénuée de dimension morale.

On peut exprimer autrement cette conviction en faisant remarquer qu'il n'est pas de responsabilité morale qui soit exclusivement locale. La responsabilité ne prend son sens moral que si un homme, quelle que soit sa profession ou son occupation, confronte ses propres actes à autrui. Dans les us et coutumes installés aux États-Unis, il ne s'agit que d'attaquer et de se défendre. La relation à autrui est une relation de plaideurs, bien vite médiatisée par des cohortes d'avocats stipendiés par les corporations et les assurances d'un côté, et les associations de consommateurs de l'autre.

Il faut déplorer ce constat et cette perversion. La responsabilité médicale n'est morale qu'en cessant d'être médicale. Le médecin est un homme qui choisit de soigner d'autres hommes et d'effectuer des recherches dans un but similaire. Il exerce son activité dans un cadre qui y réagit, c'est-à-dire qui en subit les effets, positifs ou négatifs. Contre la responsabilité morale, on ne s'assure pas. On en demande et on en redemande. Il n'est pas d'assurance car la moralité est toujours inquiétude et joie, enthousiasme et rigueur. Une conscience ne s'achète pas avec des primes : ainsi se corrompt la responsabilité.

Son essence est ailleurs, dans l'étroite relation qui se noue entre le médecin et les corps humains — voire le corps humain en lui-même — comme entre le médecin et la cité. A défaut d'être exhaustif sur un si vaste sujet, prenons deux exemples significatifs : la place du médecin dans notre système de sécurité sociale concerne une responsabilité sensible dans notre espace, et le rôle du couple médecin-chercheur dans la génétique contemporaine concerne une responsabilité sensible dans le temps.

La responsabilité et le système de santé

Dans ces deux cas, le médecin est bien un acteur, doté d'un pouvoir, d'une conscience, de devoirs et d'une évidente capacité à répondre de ses actes — le mot « acte » ayant été totalement intégré au lexique des cabinets par la notion d'actes médicaux. Le médecin est un prescripteur, qui délivre des ordonnances. Il vit en partie d'un système social qui rend presque indolore le prix payé par les malades. Trop souvent cet usage et entré dans les mœurs au point que les prescriptions d'analyses, de radiographies, d'échographies, de médicaments se font dans l'élément neutre d'une dépense faible. Nombreux sont les médecins qui avouent aujourd'hui — dans l'intimité d'une conversation privée ou l'espace semi-public d'organisations syndicales progressistes — qu'ils pourraient réduire de façon très significative la taille de leurs ordonnances. Mais, disent-ils, les malades en veulent ; dans un cadre de concurrence forte, il est suicidaire de laisser repartir un homme sans sa liste pour la pharmacie, sans un certificat médical ou des analyses à tire-larigot. Cette responsabilité est difficile à sanctionner.

L'effet induit par cette pratique est très insensible pour le médecin comme pour le malade ; le budget de l'État paraît lointain et l'on s'émeut difficilement de déficits qui pourtant pèsent sur notre économie. L'enchaînement des causes et des effets est clair, mais peu tangible. Tout se passe dans l'intimité d'une conscience. L'homme responsable sait à la fois jouir de cette intimité et toujours s'interroger sur les conséquences de ses actes : il n'est nul besoin qu'elles soient manifestes, étalées au vu et au su de tous pour qu'apparaisse la question morale. Mais l'habitude, la pression de la concurrence, l'idée que « tout le monde fait comme ça » banalisent terriblement des actes sur lesquels on ne s'interroge même plus. Autrement dit, ce n'est pas le médecin en tant que tel qui peut réagir : après tout, il ne rédige pas d'ordonnances nuisibles à la santé. C'est la dimension citoyenne du médecin. La responsabilité nous fait toujours sortir de nous-mêmes quand elle prend cette dimension. Localement, nous pouvons toujours nous justifier et refuser de solliciter notre conscience. Dès que nous avons le sentiment d'appartenir à une totalité plus grande, plus vaste, voire d'un autre ordre, nous savons que nous avons à répondre de nos actes et de leurs effets dans cet ensemble plus vaste.

Cet exemple des dépenses de santé est significatif des problèmes de responsabilité qui se posent aujourd'hui. Elles mettent en jeu la responsabilité de trois types d'acteurs : les médecins et les malades, tous deux en tant que citoyens, et enfin l'État. L'assurance maladie connaît une crise dont les aspects se déduisent du système même de l'assurance dès lors que celle-ci se substitue à notre responsabilité. La multiplication des échographies inutiles — souvent un retour sur investissement pour les médecins en réseau —, des actes pléthoriques, des certificats de complaisance est sans doute un effet de la concurrence. Mais si les médecins dans leurs actes, comme leurs clients dans leurs exigences, ne sont pas capables de raisonner individuellement en tant que citoyens responsables, c'est naturellement l'État qui devra se substituer à eux. Ce sera sa propre responsabilité pour éviter que tout le système ne s'effondre. Reconnaissons qu'il faut un certain courage aux hommes politiques pour prendre des mesures responsables à quelques mois d'importantes échéances électorales. Notons enfin que, dans le cas de nos trois acteurs, c'est un problème de *devoir* qui se pose. A l'évidence, aucun des trois ne peut penser avec certitude que le pari de la responsabilité soit effectivement payant à terme. Ils peuvent en rêver, mais tous les trois risquent, en étant responsables individuellement, de souffrir dans la concurrence et les comparaisons. Il faudrait évidemment ajouter un quatrième acteur : les organisations syndicales. Juridiquement dotées d'un pouvoir de gestion dans le système de santé sans pour autant être responsables des problèmes financiers et économiques, elles sont elles aussi prises dans une concurrence qui les détermine beaucoup plus que leur propre responsabilité. Cette dissociation du pouvoir et de la responsabilité est un principe d'organisation sociale très malsain qui doit être remis en cause partout où il subsiste.

L'exemple des actes médicaux constitue presque un paradigme de la responsabilité dans notre société : d'une part, nous prenons la mesure des effets de nos actes, et d'autre part ils s'insèrent dans des milieux si complexes que nous pourrions toujours feindre de n'en pas voir les conséquences. Nous savons que les territoires s'imbriquent, mais nous pouvons aussi nous le cacher. Nous avons appris qu'à distance nos actes étaient *efficaces*, mais nous sommes en quelque sorte garantis par cette distance même : elle protège et permet de se défausser. Or, dans une certaine mesure, la qualité même de notre responsabilité peut dépendre de notre myopie. En se confortant de règles professionnelles, en s'appuyant sur un code de déontologie, un médecin peut considérer que son devoir ne concerne que ses actes ; il pourra même se juger très responsable s'il se préoccupe de leurs conséquences dans le cadre strict de la maladie en suivant son malade et en ayant le souci des effets de l'ordonnance observée. Mais toutes les règles de déontologie sont avant tout les règles d'un bon commerce, du moins d'un bon commerce à long terme. Faire de la responsabilité un principe moral est beaucoup plus ambitieux. Là encore, elle implique que le bon professionnel, techniquement satisfaisant, soit soucieux de l'Autre qui est ailleurs. La morale de la responsabilité ne se contente pas de nous voir répondre *devant nos pairs* de nos actes professionnels. Elle ne se réduit pas à l'idée que si chacun se comporte bien dans l'exercice de son métier, les vaches seront bien gardées et la morale sauvegardée. Il ne s'agit pas d'additionner les corporatismes et les égoïsmes.

La menace de l'eugénisme

Il en est de même pour une question d'un autre ordre qui concerne la génétique contemporaine et en particulier le couple médecin-biologiste. Le risque de l'eugénisme, si bien mis en évidence par Jacques Testart, place les chercheurs en face d'une responsabilité de type complexe. Comme dans toute dimension morale, c'est bien le futur qui est en cause ; comme dans le cas précédent, le problème le plus difficile concerne la perception d'un avenir plus lointain qui ne semble pas immédiatement concerné par l'acte de recherche tel qu'en lui-même. On pourrait également comparer cette responsabilité à ce que nous évoquions à propos de la presse : il n'est pas seulement question de prévenir pour des individus des accidents ou des dommages, directement entraînés par des actes dont nous aurions conscience. En cette occurrence, nos actes entraînent d'autres actes, les suscitent, les produisent au bout de chaînes de causes et d'effets que nous pouvons prévoir, même si nous ignorons quels sont précisément les hommes qui les mettront en œuvre. Or l'ignorance des acteurs à venir — ou le refus de les envisager — et le doute quant aux situations concrètes qui adviendront permettent de se débarrasser de toute responsabilité.

Concrètement, si les médecins dans leurs ordonnances, les généticiens dans leurs recherches et les biologistes dans leurs manipulations raisonnent chacun pour soi, ils évitent de répondre des actes que feront les uns et les autres alors même qu'ils en constituent les conditions de possibilité : au bout de la chaîne se trouvent des hommes et des femmes angoissés par des accidents possibles, sensibles aux arguments préventionnistes, et soucieux d'avoir un bébé « de qualité ».

On pourra certes objecter que la recherche en elle-même ne peut tout prévoir, qu'elle débouche parfois sur des zones à risque élevé, que c'est notre lot dans l'histoire de l'humanité. Cette remarque revient à réduire tout sens moral dans la recherche à quelques pratiques déontologiques, c'est-à-dire à souscrire à des règlements établis entre professionnels soucieux de leur intérêt et d'une bonne définition des règles du jeu dans un cadre concurrentiel.

Là encore, la responsabilité du médecin dans les fécondations in vitro (FIV) ou des équipes qui pratiquent le diagnostic préimplantatoire (DPI) de l'embryon n'acquiert sa dimension morale qu'à partir du moment où le professionnel cesse de raisonner seulement en tant que tel et regarde autour de lui les autres hommes, présents et à venir.

Jacques Testart a parfaitement raison d'aborder la question de l'eugénisme en termes de responsabilité. Le danger majeur qui guette les hommes concerne effectivement la façon dont on pourrait leur épargner toute responsabilité dans l'acte même de procréer. Une décision d'avortement est une lourde responsabilité, éprouvée dans la chair comme dans la conscience. Un tri d'embryons se fait à froid, sans aucune implication de l'individu qui n'a pas, pense-t-il, à répondre d'un acte médical. La faible responsabilité des parents est, en réduction, la très faible responsabilité de toute une profession. De nombreuses recherches et manipulations étaient parties d'un juste souci : la lutte contre la stérilité. Si la responsabilité des différents acteurs n'est pas une référence, les ordonnances de FIV prolifèrent bien au-delà du raisonnable qui constituait l'objectif initial. Avec l'abus des FIV et le DPI, on risque de retourner le sens de la preuve : le danger n'est pas nul qu'une dérive complète de la notion de responsabilité n'amène les parents à se sentir responsables et coupables d'une carence ou d'une malformation de leurs enfants.

Là encore, biologistes et médecins, tout comme les parents, n'ont pas seulement à répondre de cet acte-ci qu'ils commettent mais de toute la série qu'il implique. Là encore, il ne s'agit pas de raisonner en se disant que d'autres le feront à notre place et que notre refus ne changera rien au cours des choses. C'est de nouveau le paradoxe du mirador. La responsabilité est à la fois individuelle et universelle. Elle concerne mon devoir propre et les actes dont j'ai à répondre. Peu importe que d'autres me devancent, me supplantent ou commettent des actes qui auront les mêmes conséquences que les miens, que je les commette ou que je ne les commette pas. « Je dois, en principe, dit Vladimir Jankélévitch, supporter l'insupportable iniquité dont je suis victime, sans prétendre à aucune compensation, sans revendiquer le moindre dédommagement, sans même avoir le droit de me plaindre. »

Sans doute cet exemple de l'eugénisme est-il celui qui entre le mieux dans les catégories philosophiques de Hans Jonas : il concerne en effet l'avenir de l'humanité et tout ce que nous préparons pour les générations futures. Il fait planer une menace sur le genre humain lui-même, et à ce titre active le ressort de la peur qui serait censée déterminer notre responsabilité. Mais l'enjeu est aussi d'un autre ordre. C'est pourquoi il faut revenir sur la responsabilité des parents. A vouloir évacuer le risque que comportent tous les aléas d'un enfant à naître, les parents veulent en quelque sorte annuler ce qui fait l'essence même de leur responsabilité parentale. Celle-ci n'est pas dans la formulation d'un projet parental qui permettrait de définir l'enfant dont ils veulent et celui dont ils ne veulent pas. Les techniques les plus avancées permettront de prendre une sorte d'assurance. Et c'est pourquoi on a pu imaginer, dans une version apocalyptique, que les assurances ne dédommageraient plus les parents qui n'auraient pas pris les précautions minimales rendues possibles par les techniques modernes : ils seraient tenus pour responsables juridiquement de n'avoir pas pris les précautions mises à leur disposition. Or, nous y avons longuement insisté, l'intuition la plus forte de la responsabilité se vit dans cette présence de l'enfant, tel qu'il est, là, devant nous, et en dépit de l'impuissance où nous sommes de le façonner exactement comme nous le voudrions.

Reste la responsabilité des chercheurs eux-mêmes. D'un côté, ils sont souvent animés du juste désir de faire progresser les connaissances. D'un autre, ils vivent avec passion la concurrence entre les équipes de recherche et les enjeux financiers d'opérations qui répondent à des angoisses ancestrales ne sont pas négligeables. Une fois sur le marché, les techniques mises au point deviendront presque des obligations pour des parents à qui leurs enfants pourront reprocher, comme chez Maupassant, de ne pas les avoir achetés au bon prix. C'est pourquoi il est impossible de laisser le sort de l'humanité entre les mains de spécialistes sans que la collectivité nationale s'en soucie. Il n'est sans doute jamais très bon que l'État intervienne ; nous avons vu que, en un sens, cela signifie un certain pessimisme sur des comportements humains incapables de se réguler eux-mêmes. Mais, nous l'avons vu, telle est aussi la responsabilité de l'État dans certains cas, faute de mieux.

En effet, légiférer dans un tel domaine ne revient pas à annuler la responsabilité. Il est souvent impossible de se contenter d'un recours incantatoire à la responsabilité individuelle. Dans certains cas, sur certains choix qui engagent collectivement les personnes, il est tout à fait légitime que l'État prenne ses responsabilités. Il le fait alors car il pense qu'une question posée dans un espace particulier ne doit pas y demeurer dans la mesure où elle engage les citoyens sans qu'ils puissent réellement avoir quelque prise sur le milieu qui agit pour eux ou à leur place. Je ne crois pas qu'il faille multiplier les comités d'éthique ni les instances chargées de veiller aux comportements particuliers. Cependant, la responsabilité de l'État consiste à alerter le citoyen sur des faits ou connaissances qui peuvent profondément transformer son avenir sans qu'il en ait une conscience assez claire. D'une certaine manière le référendum sur Maastricht allait dans ce sens et il était parfaitement justifié. De même les questions qui concernent la génétique et ses exploitations possibles devraient faire l'objet d'un débat général.

En effet, sur cette question, il convient de considérer les citoyens comme des acteurs rationnels, responsables de leurs décisions, et de soumettre à référendum un projet de loi qui aurait au moins le mérite de faire sortir du cénacle spécialisé les grands enjeux pour l'avenir. La responsabilité de l'État est directement engagée : il ne peut laisser faire sans consultation. Il en est de l'État comme des individus : l'inaction peut être aussi grave que l'action. Sa responsabilité y est engagée avec la même intensité.

Autant l'État ne peut prendre de mesures autoritaires obligeant les médecins à limiter leurs ordonnances, autant il doit savoir parfois légiférer ou consulter car il est responsable devant les citoyens de ce qui concerne leur avenir. Dans la république, l'État a un sens : il n'est pas une fiction bureaucratique, il assume des responsabilités singulières. On dira, à juste titre, que l'État formulé comme un concept n'est qu'une abstraction. Mais il a des missions dont ses membres sont responsables. C'est pourquoi cette question renvoie, d'une certaine manière, à la responsabilité politique.

Ainsi les responsabilités s'épaulent-elles les unes les autres. Le temps des responsables est aussi cette confrontation dans la cité : du biologiste et du politique, de l'intellectuel et de l'homme de presse. De multiples combinaisons sont possibles. Elles suscitent des débats et en susciteront encore davantage dans l'avenir. Car aucune profession, aucun microcosme n'a le pouvoir de définir seul sa propre responsabilité. L'homme n'est jamais seul ; il n'est jamais un seul être non plus. Sa réflexion se démultiplie du fait de ses divers ensembles d'appartenance — il est père, citoyen, homme d'entreprise, etc. La meilleure manière de répondre de ses actes passe par l'échange avec tous ceux qui peuvent le questionner : c'est ce que représente le visage de l'Autre, véritable horizon de la responsabilité.

Les intellectuels
ou la fin des évidences magistrales

Le poids du passé

La question n'est pas nouvelle : les intellectuels ont-ils une responsabilité particulière ? Elle s'est posée dans tous les grands moments de crise, et notamment durant et après la dernière guerre mondiale.

Par définition, les intellectuels écrivent et parlent. Ce sont leurs actes essentiels. Au sens littéral, leur responsabilité semble être du même ordre que celle des journalistes. Mais ils ne disposent pas ou plus du même pouvoir, même s'il s'agit aussi d'un pouvoir d'influence. C'est donc plus une autorité qu'un pouvoir. Or nous sortons d'une période qui nous laisse un peu pantois sur les responsabilités particulières des intellectuels : une période d'engagement, de luttes et de combats multiples. Nous assistons, dit-on, à la mort des idéologies. Cette dernière assertion est souvent utilisée pour en conclure que les intellectuels n'ont plus de système social à proposer ni de batailles à mener. Or la mort des idéologies ne signifie pas la mort des idées. Au contraire, elle permet l'invention des idées quand celles-là condamnaient, jugeaient et distribuaient les hommes en cases définies : les bons qui se battent avec moi, les mauvais qui combattent contre moi.

J'avoue ne pas comprendre que la qualité d'intellectuel exonère facilement de toute responsabilité. Dans certaines argumentations, on soutient sans sourciller que la qualité de « créateur » met à distance du sens commun moral, pour lequel le mépris serait l'attitude normale. On a certainement tort d'affirmer que l'incitation au meurtre ou au racisme est moins grave que le meurtre ou le racisme eux-mêmes. L'intellectuel fait ce qu'il peut, avec ses moyens de bord. Quand il écrit ou parle, il agit, puisque c'est la modalité même de son action. Brasillach ou Céline n'étaient pas moins responsables parce qu'ils étaient d'excellents écrivains. Au contraire. L'audace d'écriture ne devrait pas empêcher la prudence des propos. Les déclarations insensées ne peuvent être réduites à des moments nécessaires de la création, ou à l'écume inévitable des vagues. Un intellectuel n'est pas un homme responsable s'il devient imprudent. *Bagatelles pour un massacre* ou *L'École des cadavres* sont des livres dont l'auteur doit répondre. Le maître penseur est autant un maître qu'un penseur. Il n'a pas d'esclaves mais il a des disciples. Il abuse de son autorité. Lourde est la responsabilité qui peut faire gaspiller tant de temps, d'énergie et de pensée à des milliers de jeunes fascinés par les beaux discours qui poussent à la pétition, puis à la manifestation et enfin au combat. L'intellectuel y trouve des satisfactions dont il doit se méfier.

Mais il semble que les errements passés ne changent rien aux comportements. Le soutien apporté aux massacres du Cambodge, au totalitarisme vietnamien ou à d'autres causes assassines n'est pas une futilité qu'on peut oublier en regrettant de s'être trompé. Nous parlions d'engagement. Mais que signifie ce terme, sinon se mettre en gage, sinon promettre ? On n'en retient que l'acception militaire quand on devrait en relever la dimension morale. C'est bien une question de responsabilité. Là encore, il ne faut pas entendre le mot en un sens juridique. Le propos n'est pas de soutenir des poursuites qui relèvent de la loi. Pourtant il est temps de déduire toutes les conclusions qui s'imposent de ces situations antérieures. Comme nous l'avons vu, la responsabilité consiste aussi à vérifier les conséquences de ses propres actes — ici des paroles et des écrits — afin d'améliorer nos responsabilités à venir.

C'est pourquoi la responsabilité propre aux intellectuels change aujourd'hui de sens. Elle n'est plus d'indiquer la voie du salut qu'ils auraient concoctée à l'écart de ceux qu'il faut sauver. Elle n'est plus d'agiter les interdits et les ukases dans un sinistre terrorisme que nous avons trop connu. Elle est plus modeste, moins eschatologique. La fin des idéologies ne les réduit pas au silence, et c'est heureux.

Mais comme les politiques eux-mêmes, ils doivent être prudents dans le contenu et dans la forme de leurs déclarations. Aujourd'hui le pouvoir intellectuel est un pouvoir médiatisé ; ou plutôt l'autorité ne devient un pouvoir que par sa médiatisation. C'est dire qu'il passe essentiellement par des médiations qu'il ne contrôle pas. L'intellectuel circule dans des espaces nouveaux pour lui et son aisance n'y est pas évidente. Il y fait des faux pas. Il court toujours le risque de questions sur lesquelles il n'a pas compétence et de réponses dont il ne peut pas répondre. Il peut à la fois y gagner en efficacité et s'y perdre par manque de discernement. Il peut, comme tout homme, être impressionné par des images frappantes et émouvantes. C'est pourquoi la mesure est désormais la règle. Il lui reste son œuvre, toujours tributaire des canaux traditionnels de l'édition ou de la création. Sa responsabilité ne change pas selon qu'il écrit ou qu'il parle, selon qu'il crée ou qu'il déclare.

Il faut cependant réfléchir obstinément sur les errements

passés et vérifier les voies qu'ils ont fait emprunter. Comme l'écrivait Albert Camus : « Toute idée fausse finit dans le sang, mais il s'agit toujours du sang des autres. C'est ce qui explique que certains de nos philosophes se sentent à l'aise pour dire n'importe quoi. » On ne peut passer d'un discours à un autre — quelquefois son contraire — sans ce moment de méditation nécessaire. Puisque la notion morale de la responsabilité concerne l'avenir, on ne peut y rester indifférent quand il est devenu passé. Or la plupart des aveuglements sont venus de certitudes érigées en vérité, mais forgées dans un petit milieu dont on ne sortait pas. Les polémiques d'hier semblent parfois dérisoires tant elles confinaient à une agitation en vase clos. La création est une chose. Son commentaire en est une autre. Et l'intellectuel n'a pas plus le droit qu'un autre citoyen de lancer des pétitions ou de faire proclamation sur des questions qui ne sont pas de sa compétence. Mais il en a le droit comme les autres. Et en tant que privilégié, il en a souvent même le devoir. Cela suppose qu'il sorte de son propre milieu, qu'il ne s'épargne pas la peine d'écouter l'Autre. Rien n'est plus dangereux chez l'intellectuel que la définition essentiellement négative qu'il peut pratiquement se donner de lui-même : l'intellectuel serait avant tout celui qui ne fait pas un certain nombre de choses. Au hasard : celui qui ne regarde pas la télévision, qui ne lit pas *L'Équipe*, qui ignore les hommes d'entreprise, etc. C'est pourquoi la première prudence est de connaissance.

Circulation

Le mot de « métissage » développé par Michel Serres nous dit bien la nécessité de devenir autre pour accomplir notre formation. L'intellectuel ne devrait pas échapper à ce principe. Il accroît la qualité de sa responsabilité en lui donnant les moyens d'analyser et de chercher le sens. Car notre société ne peut se passer d'intellectuels : encore faut-il que leur circulation entre les choses et les êtres leur permette d'échapper aux visions égocentriques et péremptoires.

La responsabilité présente des intellectuels est certainement d'analyse et de sens. Ce ne sont plus les architectes d'un monde à venir, ni les enrôleurs du passé. Nous n'avons plus besoin d'idéologie mais nous avons besoin d'idées, d'analyses et de sens. C'est à cette condition que l'intellectuel retrouve dans la cité la place qu'il y a perdue en voulant obstinément délivrer ses messages à partir d'une marginalité qu'il cultivait.

Métissage, ouverture, circulation : tous ces mots disent des exigences qui sont à la hauteur d'une responsabilité singulière. Cela suppose que les intellectuels aiment davantage les hommes et moins l'idée d'une humanité qu'ils se forgent dans une superbe et arrogante solitude. On peut admettre qu'une pensée tout élaborée dans le désert prêche dans le désert. Il en faut sans doute qui piétinent dans ces « chemins qui ne mènent nulle part ». Mais, dans notre société, les messages diffusés par certains canaux touchent immédiatement des millions de personnes. Cet impact crée de nouvelles obligations de prudence et de retenue. Il n'est pas bon qu'un intellectuel, sur la foi d'une information instantanée et d'une réputation assurée, exerce un arbitraire pouvoir d'influence. Car, par définition, il est essentiellement responsable de cette distance qu'on lui suppose et qui rend sa parole crédible.

La connaissance métissée incite à la modestie. En découvrant d'autres mondes, on prend la mesure de son ignorance et de ses préjugés. Et dans le même temps les occasions d'analyser et de quêter le sens se multiplient. Elles se construisent dans les échanges et le dialogue, mais aussi dans le débat. La polémique n'est pas un genre littéraire responsable. Elle n'est que le cataplasme posé sur une pensée insuffisante. D'ailleurs, il suffit de questionner l'intellectuel polémiste sur son texte : il n'en répond pas. Il ne peut tenir à ses formules ni à ses mots ; au mieux il vous renvoie à la grande tradition de la polémique. Il ne répond que d'un style et non pas de ses actes.

L'intellectuel responsable n'est pas un homme de polémique car ce n'est pas un guerrier. C'est un homme de paix et de sérénité. Au commencement, il n'est pas dans la lutte. Il n'en convient que par nécessité : lorsque de l'inaction il ne peut plus répondre. Toute analyse l'engage déjà sans qu'il ait besoin de procéder au mouvement même d'un engagement.

Pouvoir répondre de ses actes serait un progrès non négligeable. Il revient, comme dans les autres cas, à répondre des conséquences et à les vérifier. Quand on insiste sur le rôle de la parole dans la responsabilité, l'intellectuel est un exemple phare. Par nature sa parole n'est pas légère. Outre qu'il est, comme les autres hommes, pleinement citoyen, ses paroles portent une responsabilité singulière. Mais on tend à mélanger deux aspects très différents : d'une part la responsabilité propre de l'intellectuel dans notre société, comme on y parle de la responsabilité d'une institution ; d'autre part la responsabilité de tel ou tel acte de parole. Les deux aspects sont liés mais méritent d'être distingués dans l'analyse effective.

Le premier va de pair avec un certain statut qui détermine le second. Le statut existe de fait ; c'est pourquoi on peut quelquefois reprocher aux intellectuels leur silence. Qu'on soit chercheur au CNRS, écrivain ou philosophe, le premier devoir est de diffusion. Le devoir est une dette, comme le concevait Platon dans l'allégorie de la caverne. Ainsi peut-on répondre de son statut et du privilège qui s'y attache. Les us et coutumes de l'intellectuel le portent facilement à cet égoïsme contradictoire avec la responsabilité, l'égoïsme des plaisirs solitaires. Techniquement, les organismes de la recherche publique parlent de « valorisation de la recherche ». Sans entrer dans le dédale des situations particulières qui distinguent le fondamental de l'appliqué, il faut insister sur cette responsabilité singulière : l'intellectuel, de par son statut, a des devoirs. Il ne suffit pas qu'il travaille et qu'il pense, qu'il cherche et qu'il colloque, il doit répondre devant les citoyens de la situation qu'ils lui reconnaissent. S'il ne s'agissait que de cette responsabilité, on n'appliquerait que le principe selon lequel tout salaire mérite peine ; il est aussi vrai dans l'entreprise que dans le service public ou l'enseignement.

Mais au-delà de la profession proprement dite, l'intellectuel jouit souvent d'un droit de parole qui excède ses compétences ou qui déborde le milieu de ses évaluateurs traditionnels, c'est-à-dire de ses pairs. C'est dans ce dernier cas qu'on évoque la contrainte de prudence et ses conditions nécessaires, la circulation et le métissage.

Il est vrai que maintes causes ont besoin de porte-voix. Mais les intellectuels ont mieux à faire que d'être de simples haut-parleurs qui lancent des appels et font signer des pétitions. Méprisés par ceux-là qu'ils soutiennent, ils ont passé trop de temps dans l'invocation et pas assez dans le contrôle et le suivi des causes mêmes qu'ils défendaient. C'est pourquoi il leur faut tant se méfier d'être manipulés. L'histoire récente a montré qu'il ne suffisait pas d'être contre un didacteur, contre un colonialiste, contre un pays impérialiste. Il faut aussi s'assurer de ceux qui « sont contre » et dont on soutient le combat dans le seul ciment de la haine. Une fois l'adversaire battu, les intellectuels se sont tus, prêts à faire silence sur les pires méfaits des Khmers rouges, des islamistes, du FLN, des gardes rouges ou du Viêt-cong. Mais tout aussi disposés à soutenir la prochaine cause contre des ennemis communs. Ne nous y trompons pas : à quelques exceptions et retournements près, le stalinisme a été, bien après la mort du Géorgien, le mode de fonctionnement coutumier de l'intelligentsia : prête à tous les mensonges passés et à venir, elle n'a jamais essayé sérieusement de répondre de ses actes.

La prudence et l'audace

La responsabilité passe donc par une plus grande modestie, fondatrice de retenue. En lui-même, le statut d'intellectuel ne lui permet pas de se prononcer sur tout, ni de distribuer des blâmes ou des satisfecit. Il lui faut donc être très réservé sur les multiples sollicitations qui peuvent le pousser à la faute. Dans ce cas, être responsable consiste à appliquer à ses propres paroles la même rigueur qu'on recherche dans sa propre production. Il est vrai que cette démarche est difficilement compatible avec le mode militant d'action. Mais précisément, ce n'est pas en tant qu'intellectuel qu'il doit s'enrôler dans telle ou telle lutte ou organisation. Il peut le faire avec la simplicité et la ferveur du citoyen. C'est autre chose que de jouer de son statut en y mettant le poids de sa condition d'intellectuel.

Il est temps de revenir à ce qui fait la compétence et la pertinence de l'intellectuel, quelle que soit sa discipline d'activité. Dans notre société désorientée, des médecins, des hommes d'entreprise, des politiques, des journalistes ne demandent qu'à entendre des analyses conceptuelles ou à collaborer dans la recherche du sens. Mieux vaut agir avec eux « en » intellectuels plutôt que « en tant » qu'intellectuels. Mieux vaut commencer par écouter et comprendre les autres mondes que leur assener des vérités dogmatiques. Sans doute aujourd'hui la responsabilité de l'intellectuel est-elle d'abord d'essayer de répondre aux questions qu'on lui pose, et d'en prendre les moyens. Il ne trouve jamais la bonne solution tout seul. Le philosophe a ses étudiants ou ses élèves. Il aurait tort de se considérer dans cette relation de maîtrise par rapport à la société tout entière. Il se trompe s'il considère ses pairs comme les seuls êtres fréquentables. Il faut une frileuse et triste fatuité pour ne pas penser qu'il reste beaucoup à apprendre en écoutant ce qui se dit ici et en regardant ce qui se fait là. Il faut devenir Autre pour parler aux autres et pouvoir espérer répondre de ses actes et de ses pensées, c'est-à-dire assumer sa responsabilité.

Ne nous y trompons pas : la prudence requise est exclusive de toute frilosité. Aujourd'hui, la prudence et l'audace se distribuent différemment. La première concerne le contenu des propos et leur ton trop souvent dogmatique ; la seconde incite à la confrontation et au regard de l'Autre. L'égocentrisme et le narcissisme sont les formes particulières que prend l'égoïsme dans la classe intellectuelle. La seule façon d'en sortir passe par l'audace de sortir.

La responsabilité des intellectuels ne s'est pas éteinte avec la fin des idéologies. Au contraire, libérés de leurs allégeances comme de leurs disciples — disciplinés par tous les « ismes » —, ils peuvent maintenant s'engager eux-mêmes, quand hier ils engageaient les autres, en troupes, à les suivre et leur faisaient courir des dangers dont eux-mêmes étaient exemptés. Car dans le temps des responsables, la réflexion est aujourd'hui, pour tous, une urgente séquence. Et plus que la déclaration, c'est la réflexion active qui correspond à la fonction de l'intellectuel.

IV

ÉDUCATION ET RESPONSABILITÉ

Les usages pratiques qui sont faits de la notion de responsabilité sont donc parfois ambigus. Le discours moral tenu dans l'espace public peut contribuer à clarifier les formulations du *sens commun moral*, de façon à mieux expliciter la référence de la responsabilité.

Mais avant d'en faire un projet social, il s'agit de transformer une intuition en sentiment. Le premier ressort de la moralité est la conscience individuelle : la responsabilité d'une institution ou d'une instance quelconque ne prend son sens que par référence à la valeur qu'on reconnaît à la responsabilité pour l'individu. Sans en être la simple métaphore, elle s'étaie sans cesse non sur son modèle mais sur son existence concrète et individuelle.

La morale ne peut se contenter du simple respect d'une relation de pouvoir. Le devoir n'existe pas seulement quand des responsabilités sont *prises* ou *conquises*, voire *acceptées*. La responsabilité concerne un pouvoir qui ne relève pas seulement de la relation hiérarchique d'autorité ou de domination. Si c'était le cas elle serait toujours déresponsabilisante pour tous les subordonnés. La responsabilité n'évacue jamais le pouvoir car elle porte sur un pouvoir disponible, sur des actes qui ont des effets. Elle tient un langage d'efficacité.

C'est pourquoi la relation avec autrui y est essentielle. Si l'on en finit avec les discours généraux qui font porter à l'individu le poids de maux auxquels il ne peut rien, si l'on ne se complaît pas dans un discours de mauvaise conscience universaliste, si l'on évite de relier par des séries causales aussi ténues qu'artificielles les malheurs du lointain à nos actions microscopiques, alors la relation avec autrui prend un sens.

Sans doute la conscience morale est-elle une dimension de toute conscience. Mais elle cherche un contenu. La forme abstraite du devoir est insuffisante. La responsabilité passe de façon plus immédiate par la forme du sentiment. Là encore nous sommes très loin du concept juridique, qui peut exister en dehors de toute perception intime. C'est ainsi que certaines intuitions, en deçà des discours, nous plongent dans la responsabilité avant même toute élaboration théorique. Pourtant le sentiment peut être éphémère ; il demande un entretien, voire une formation. La responsabilité n'est un repère moral qu'à la condition d'être ancrée dans l'homme, dans un sentiment et dans des formulations. Tel est certainement la mission d'éducation que doivent aujourd'hui se donner la famille et l'école. Car si un concept est un nouveau repère pour notre conscience morale, il l'est évidemment aussi pour des institutions déboussolées qui ne savent plus si elles éduquent, si elles enseignent, si elles préparent à l'emploi ou si elles assurent une nouvelle forme de garderie.

On ne naît pas responsable, on le devient. Avant tout, la responsabilité est affaire de formation. Sauf exceptions, ce n'est pas une démarche solitaire. L'enfant part d'un degré zéro de responsabilité pour devenir, dans le meilleur des cas, un être responsable *à part entière*: c'est là un processus long et une délicate alchimie. L'enfant ne devient responsable que sous la responsabilité de ceux qui sont responsables de lui. D'emblée il appartient à deux mondes, à deux territoires qui le façonnent : la famille et l'école. D'un côté des personnes, de l'autre l'État. Tel est du moins le cas dans notre société qui n'a pas dépossédé la famille de sa sphère privée et qui a développé une scolarité obligatoire. La loi énonce, dans sa façon impérative et indifférenciée, l'âge légal qui décide de la responsabilité civile. Elle ne peut évidemment rien dire de la responsabilité morale. Et pourtant l'État républicain s'est doté d'une institution, l'école, qui vise à intégrer le petit enfant dans la république, c'est-à-dire à en faire un citoyen. La famille doit en faire un homme adulte, capable à son tour d'assumer sa responsabilité d'homme.

Ces formulations restent générales et demandent à être adaptées à notre temps. C'est pourquoi la responsabilité doit être aujourd'hui au cœur de l'éducation, familiale et scolaire. Elle l'est au titre de la morale qui s'enseigne dans les deux cadres. Elle l'est au titre de notre temps qui met en avant une notion qui sert de référence à l'action. Mais cela ne va pas de soi car chaque époque a sa famille et son école. Toutes deux ont beaucoup changé, portées par les vicissitudes du temps. Toutes deux ont été désemparées par l'incertitude croissante et par l'absence de tout discours de référence.

On perçoit ici toute la nécessité d'éviter le débat métaphysique sur la liberté. En effet, la genèse même de la responsabilité se déroule sous tutelle, dans différents espaces de pouvoir. Il serait dès lors très aisé d'en conclure qu'aucun individu n'est responsable de sa propre responsabilité. Devant cette aporie, nous baissons les bras et, pour disculper l'individu, nous l'exonérons de sa responsabilité en évoquant sa petite enfance, ses conditions matérielles d'existence ou des complexes toujours plus confus. Pendant ce temps, la Terre tourne et le monde suit son cours.

Le scepticisme moral rejoint l'antique par l'argument de la régression à l'infini. Cette régression se comprend dans ses deux acceptions, logique et psychologique. Régression logique d'abord : elle consiste toujours à remonter des effets aux causes sans jamais s'arrêter, en quête d'une cause explicative qui n'est pas le sujet, justifiant l'homme non responsable, dénié comme source de ses actes, lui permettant de toujours se retourner pour désigner un autre derrière qui se cacher. Régression psychologique ensuite : elle consiste alors à remonter les âges antérieurs, jusqu'à la petite enfance, pour y trouver de quoi se défausser. Dans les deux cas, le passé reste la norme quand la responsabilité morale implique de se tourner vers le futur. De même qu'on prouvait le mouvement en marchant contre tous les arguments sceptiques qui le disaient impossible, c'est en *répondant* qu'on montre l'efficacité morale du concept de responsabilité. Autrement dit : même si l'école et la famille sont des leviers décisifs, elles ne constituent pas des arguments pour contredire la possibilité même de la responsabilité quand elles ont été défaillantes. Il est possible, à l'école et dans la famille, de former à la responsabilité ; mais toute notre vie sociale dans la république approfondit cette formation, qui est autant pratique que théorique car la responsabilité est un apprentissage autant qu'une instruction. Souvent nous sommes mis en situation ; nous nous débrouillons plus ou moins bien, comme parents ou comme hiérarques, mais nous accumulons des expériences qui forgent notre sens de la responsabilité. La force morale du concept de responsabilité réside précisément dans le fait que rien n'est jamais définitivement perdu : un nouveau territoire, un pouvoir soudain, une relation inédite à autrui, l'impératif d'une progéniture, la réalisation d'un projet peuvent raviver dans un homme un sens de la responsabilité pourtant très entamé par une éducation défaillante.

Le droit, de son côté, ne se contente pas du scepticisme moral. Sauf exception d'irresponsabilité dûment constatée, il fait fi de tous les arguments de la régression. Peu lui importe que le chauffard ait eu une enfance malheureuse. Mais en sécrétant l'assurance, il constitue avec elle un couple qui vient garantir toutes nos carences.

L'éducation est donc un moment non exclusif mais privilégié. Par l'éducation, nous pouvons éviter que la vie adulte ne soit seulement un système de contraintes extérieures à la conscience, subies malgré soi. Elle peut donner un sens aux devoirs, faire en sorte que la moralité ne soit pas étouffée sous la légalité. L'éducation permet à l'homme de raisonner sans se référer uniquement aux dangers de la répression judiciaire, sans être seulement préoccupé de tricher assez intelligemment pour n'être pas pris. Elle est ce processus par lequel nous comprenons les concepts essentiels de la moralité : elle nous évite d'agir en adulte vis-à-vis de la loi, comme le font les rats de laboratoire qui s'habituent à ne pas aller heurter les fils électrisés qui bordent leur espace.

En entrant dans le temps des responsables, nous avons donc à penser nos procédures de formation pour y intégrer cette dimension nouvelle. Par nature, la formation est affaire de responsabilité : elle s'inscrit dans une dissymétrie essentielle au concept, puisqu'il existe des responsables de l'éducation.

Dès lors le problème s'articule en trois moments qui,

tous, intègrent cette référence nécessaire. *Premier moment :* quelles sont les responsabilités de l'école et de la famille ? *Deuxième moment :* la responsabilité s'enseigne-t-elle ? — du moins au sens où l'on parle d'un enseignement didactique. *Troisième moment :* comment concevoir une éducation qui, dans ses procédures, valorise la responsabilité en acte ?

L'école républicaine

La responsabilité de l'école

L'école n'est pas seulement un lieu d'instruction ; elle ne se réduit pas non plus à l'apprentissage d'un métier. Elle est un instrument décisif de l'État républicain qui forme les citoyens. Elle a d'ailleurs été conçue comme telle. Elle sait qu'elle n'a pas en charge toute l'éducation des enfants. En droit, il existe aussi les familles. En fait, de nombreux flux d'informations contribuent à la formation des enfants : flux d'images et de sons, souvent mal maîtrisés tant les émetteurs en sont divers et tant ils sont animés d'intentions variables et contradictoires — volonté de faire consommer, de distraire, ou de cultiver. A la différence de ces derniers qui restent anarchiques dans leurs flux, l'école est un *ordre* qui prend son sens par rapport à la définition même de sa mission. Elle s'inscrit dans l'ordre républicain, se donne des objectifs. Elle est structurée dans le temps comme dans l'espace. Elle doit aussi l'être par rapport aux valeurs de la république qui la fondent.

Au sortir de l'école et quel qu'en soit le moment, l'homme doit être capable de vivre en société et d'assumer ses droits civiques. Or, le citoyen, reconnu comme acteur rationnel par nos institutions, doit être aujourd'hui spécifié comme être responsable. Cela signifie qu'il doit répondre de ses actes et notamment de tous les actes qui engagent sa qualité de citoyen. Il doit savoir qu'il appartient à une collectivité et que ses actes n'y sont pas indifférents.

La république est aujourd'hui la forme politique que prend l'État composé de citoyens responsables. A plusieurs reprises ils ont l'occasion de faire des choix politiques, d'élire, de voter. Nous disions autrefois qu'il fallait le faire *en connaissance de cause*. Et c'est bien cette notion de causalité que nous retrouvons dans le concept de la responsabilité. Celle-ci se situe dans une continuité certaine avec la tradition républicaine ; elle la développe en intégrant les transformations sociales et économiques que nous connaissons. Elle permet de mettre l'accent sur un repère nouveau, en ces temps d'incertitude et dans ces espaces de complexité.

L'instruction civique et morale

L'école ne peut faire l'économie d'enseignements d'instruction civique et morale. Jean-Pierre Chevènement, comme ministre de l'Éducation nationale, en avait l'intuition et la conviction. Ces enseignements ne constituent pas un aspect marginal de l'éducation : il ne s'agit pas de donner des leçons, mais en a-t-on jamais dispensé, contrairement à la légende ? Quand on relit certains manuels de la fin du XIXe siècle, on ferait bien de les admirer plutôt que d'ironiser sur une forme quelquefois surannée. Nous voyons mal pourquoi la république dissimulerait son identité et l'école sa mission. A trop le faire, elle développe un enseignement formellement individualiste qui nous fait oublier ses propres fondements ; elle prend modèle sur l'économie de marché en n'insistant plus que sur la concurrence et la compétition. Le premier de la classe se fonde alors dans le modèle du « gagneur » et du « vainqueur ». L'« élitisme républicain » perd son sens pour s'abîmer dans l'égoïsme de la performance individuelle. On a supprimé la distribution des prix, pour « faire démocratique ». Et comme souvent, la suppression d'un symbole a dissimulé l'installation de nouvelles ségrégations : pendant qu'on oubliait l'hommage collectif de la récompense, on confortait l'individualisme de la réussite.

Qu'est-il plus important aujourd'hui d'enseigner ? Ce qu'est un conseiller général ou quelles sont les valeurs de la république ? Un mode de scrutin ou ce qu'est la conscience ? Le Parlement européen ou la critique de l'égoïsme ? Certes, ce ne sont pas des incompatibles, mais on ne donne pas les priorités qui s'imposent : on substitue les procédures aux fondements.

Dans la foulée de tout le discrédit porté au discours moral, on en a oublié ses concepts essentiels, les plus nécessaires aux petits citoyens : conscience, devoir, générosité. Actualiser cette pratique de l'instruction civique et morale, c'est aujourd'hui expliquer ce qu'est la responsabilité, à travers des exemples, des fables mais aussi un minimum d'explication conceptuelle.

Je ne crois pas qu'en république une instruction puisse être civique si elle n'est en même temps morale. Instruire ce n'est pas seulement transmettre des informations, c'est étymologiquement *outiller* les enfants, leur donner des instruments pour l'existence. Telle est la responsabilité de l'école, comme de la famille.

On a vite fait d'affirmer que « cela ne peut plus passer », que le temps des leçons de morale est fini. Mais il est possible de dénombrer encore plus rapidement les dégâts que cause dans la jeunesse notre propre déficit moral et sa manifestation la plus grave : le silence. Une société égoïste, une société qui n'assume pas ses responsabilités est la pire des références. Ce n'est pas un argument que d'évoquer la contradiction entre un discours moral et l'exposition médiatique de mille affaires véreuses, susceptibles de cautionner tous les comportements individuels. La morale enseignée n'a jamais affirmé que la société était morale en elle-même, pas plus que le cours du monde : elle est par nature d'une résistance offensive. Elle prend pour but l'amélioration des hommes, elle ne la garantit pas. Elle n'est pas totalitaire : il faut expliciter des exigences pour pouvoir ensuite laisser chacun face à ses choix.

En insistant sur la nécessité, voire l'urgence d'une instruction civique et morale, nous ne donnons pas dans la nostalgie : il s'agit d'actualiser des enseignements, en indiquant des repères pour la réflexion comme pour l'action.

Critique de l'exemple

La morale est un discours ; ce n'est pas seulement une accumulation d'exemples. A ceux-ci, il est toujours possible d'opposer des contre-exemples. Comme l'écrivait déjà Kant, les exemples servent avant tout à montrer que la morale est possible : ils montrent, mais ils ne démontrent rien. Tout exemple ne peut être pensé moralement que par rapport à une norme, un étalon ou un repère. Il est trop souvent réduit à une affaire de tempérament, assigné à la force d'une personnalité. Tenir un discours moral, ce n'est pas se donner en exemple, ni exposer une vanité individuelle. Même le pauvre pécheur a le droit de parler de la foi. Tout imparfaits que nous soyons, nous pouvons indiquer des repères. L'exemple ne rend que plus crédible. Si, dans un livre, on apprend mal son devoir, on apprend qu'il en est ; si les exemples vivants sont d'un autre pouvoir, ils ne l'obtiennent que par une exigence forte qui les valide. Il ne s'agit pas d'apprendre à agir *comme*, mais au contraire à répondre de ses actes. On sait les méfaits commis par tous les *Fils du peuple* et autres hagiographies individuelles qui pervertissent les plus beaux itinéraires et développent les cultes de la personnalité au lieu de solliciter les consciences. L'hagiographie est dangereuse si elle n'est pas soutenue par une pédagogie morale.

Le raisonnement est d'ailleurs circulaire : renoncer à tout discours moral, c'est précisément abandonner ses responsabilités : l'éloge abstrait du désir s'est trop substitué à l'énoncé de devoirs élémentaires. L'école ni la famille ne peuvent laisser s'installer le vide. L'instituteur, l'enseignant, les parents ont l'intuition de leur responsabilité éducative, bien au-delà des modes éphémères. Il ne faut pas les faire parler beaucoup pour qu'ils l'avouent. Ils y reconnaissent la grandeur de leur tâche. Pourquoi la taire ? Le silence rend hésitant ; à ne plus entendre personne la soutenir dans l'espace de l'école, à l'entendre condamner par les thuriféraires du désir, chacun s'est mis à douter de sa mission éducative. Elle est aujourd'hui de conforter en chacun le sentiment de sa responsabilité.

Une instruction civique et morale a donc pour but d'énoncer les ingrédients que nous avons analysés dans le concept de la responsabilité. Ils doivent être diffusés et assimilés par l'enfant dans leur étroite relation avec notre système de valeurs. Un tel programme passe par l'explicitation de ce que sont la *conscience*, le *devoir*, la *capacité de répondre*, le lien entre le *pouvoir* et la *respon-*

sabilité, la relation à *autrui*. Il devrait reprendre les développements anciens qui faisaient de la lutte contre l'égoïsme une des conditions de possibilité de la république. Ce n'est pas un archaïsme, c'est l'explicitation de la *générosité*. Il est souvent nécessaire de connaître et comprendre le sens des mots avant de les pratiquer ou pour les mettre en œuvre. L'absence de toute instruction didactique est un abandon au cours du monde qui n'a pas vocation de formation morale.

D'une certaine manière, la définition de l'école en tant que *sanctuaire* a le mérite d'insister sur cette part essentielle de sa mission : elle doit davantage développer en son sein le discours de la morale soutenue par la république qu'importer maladroitement les paradigmes du marché ou de tous les désirs contradictoires qui l'agitent. Ne nous y trompons pas : contrairement aux convictions naïves d'une pensée libertaire, l'éloge du désir est d'abord la traduction normative d'une économie anarchique qui transforme les intérêts particuliers des acteurs en les nommant désirs pour fustiger les contraintes étatiques comme autant de devoirs inutiles et frustrants.

L'apprentissage de la responsabilité

Il faut donc savoir ce que l'on veut. L'instruction *civique*, comme son nom l'indique, concerne le citoyen. Elle est précisément chargée de lui enseigner ce qu'il est. Elle ne s'adresse pas à lui en tant qu'il est implicitement citoyen puisqu'il reçoit cet enseignement. On n'est pas citoyen de naissance. On le devient. La république n'a que faire des pédagogies non directives qui laisseraient l'essence mythique d'un enfant imaginaire s'exprimer dans une liberté bizarrement conçue. La république est formatrice dans ses fondements mêmes. Une école qui renonce à faire du petit de l'homme un acteur rationnel, pénétré de son appartenance à la république, ouvre la voie à toutes les démissions.

On aurait cependant tort de cantonner l'apprentissage de la responsabilité à une discipline nommée instruction civique. Elle est un moment de l'éducation qui consiste en la transmission d'un contenu didactique ; moment propédeutique qui doit s'accomplir dans les exercices que propose l'école.

Le climat social de certains établissements scolaires, les attitudes d'échec proviennent pour une bonne part de la conjonction d'une véritable carence familiale — les familles ne jouent pas leur rôle — et d'une norme strictement intellectuelle souvent inaccessible : la responsabilité apparaît alors comme une valeur introuvable puisqu'elle n'a pas été enseignée et qu'elle est absente de l'enseignement scolaire lui-même.

Or il apparaît que, à côté d'un enseignement didactique très nécessaire, toute l'éducation doit se consacrer à la transmission de la valeur de responsabilité par le biais de ses procédures et de ses exercices.

Dans certains de leurs collèges, les jésuites avaient mis au point une méthode originale fondée sur la responsabilité : l'enseignement, au lieu d'être uniquement structuré autour des classes du second cycle, laissait la place à un système d'équipes entièrement centré sur des activités manuelles. En dehors des cours, les élèves regroupés dans des salles d'études vivaient de façon mélangée (terminales, secondes, premières) en équipe, et participaient plusieurs heures par semaine à une activité manuelle commune (céramique, photo, réfection de taudis, etc.). Dans ces heures particulières comme dans les heures d'étude, ils étaient sous l'autorité d'un de leurs camarades qui remplissait lui-même les bulletins scolaires en fin de semaine. Ce chef d'équipe exerçait le rôle d'un surveillant. Mais au-delà de cette singularité en apparaissait une plus importante : presque systématiquement, le chef d'équipe désigné était au départ un élève agité, chahuteur et peu brillant. En lui confiant cette responsabilité — au grand dam des enfants sages et studieux —, ils escomptaient une transformation du chef d'équipe par l'exercice même de sa fonction. La confiance témoignée dans cette nomination rendait avec le temps le chahuteur plus responsable.

On ferait bien de s'inspirer de cet exemple dans la plupart de nos pratiques pédagogiques. L'éducation à la responsabilité passe par ces moments où un risque est pris, toujours mesuré, qui fait faire l'expérience d'un pouvoir, d'un territoire et des devoirs qui en sont solidaires. On trouve dans l'histoire récente d'autres exemples de ce type, notamment dans le cas de ce qu'on a appelé les « pédagogies du projet ». L'école Vitruve en fut un bon exemple ; si l'on met de côté tous les conflits et contradictions psycho-idéologiques qui l'ont agitée, on en retiendra la volonté de mettre les enfants d'une école primaire en situation permanente de responsabilité. Certes, ce n'était pas l'objectif prioritaire, trop limité à la suppression de la coupure entre la vie et l'école. Mais la prise de responsabilité pour l'organisation d'activités ludiques et scolaires était de la même veine que l'exemple jésuite. Par exemple, la mise sur pied d'un restaurant fonctionnant le samedi avait le double mérite d'apprendre pratiquement des notions d'orthographe (rédaction des invitations et des menus) et de calcul (comptabilité achats/ventes) et en même temps d'assumer collectivement un projet. Bien que soutenu par un inspecteur d'académie, cet exemple relève encore trop de l'expérimentation sociale ; son destin même était d'être insulaire alors que tout notre système d'éducation devrait prendre en charge ce type de procédure. Les instituteurs qui ont mis au point cette démarche étaient de véritables missionnaires, soucieux de la lutte contre les inégalités et peu soucieux de leur temps.

On retiendra de ces deux exemples vécus leur condition de possibilité : dans les deux cas, il faut la présence d'une véritable superstructure éducative qui constitue actuellement la déficience principale de notre système d'éducation publique. Que ce soit chez les jésuites ou à l'école Vitruve — école publique expérimentale —, les moyens sont pris, en dehors des heures d'enseignement elles-mêmes, pour suivre les enfants et les accompagner dans des démarches qui les forment à d'authentiques responsabilités. Dans notre école publique, on sous-estime toujours le rôle des « ex-surveillants généraux » devenus « conseillers d'éducation ». Il est indispensable qu'ils soient plus nombreux et surtout plus reconnus. On peut douter que les militaires du contingent soient formés pour assumer ce rôle...

Les épreuves de la responsabilité

Il va de soi que cette éducation ne concerne pas seulement un moment spécifique de la scolarité. Elle prend des tours variables selon les stades. Mais il reste des procédures qui forment à la responsabilité, quelles que soient les classes où elles s'exercent. Il est logique que l'éducation passe par mille contraintes. Il serait bien aventureux d'énoncer quoi que ce soit sur la nature humaine dans l'enfant. Mais dire que la responsabilité ne prend son acception morale que par la médiation du concept de devoir n'est pas sans conséquences : le devoir est une obligation. Quand même nous en aurions rapidement conscience, nous pourrions mettre autant de promptitude à y échapper. La conscience morale est d'autant plus vive qu'elle est plus sollicitée. Or notre système d'éducation est avant tout déférent envers l'intelligence.

La responsabilité et l'intelligence

Aussi faut-il à tout prix éviter dans l'éducation de trop valoriser l'intelligence des choses au mépris de la conscience des devoirs. Notre système éducatif est un des meilleurs du monde quoi qu'on en dise ; mais cet optimiste constat est d'abord intellectuel.

La parabole des talents pourrait être admise au-delà de toutes les divisions confessionnelles : ce qui importe ce n'est pas la diversité des talents, c'est le processus qui permet de les valoriser, non pas pour soi, mais pour le donner à son maître, c'est-à-dire à autrui, voire Dieu à travers autrui pour les croyants.

La croissance épidémique de la tricherie dans l'enseignement est le signe d'un recul moral considérable. Outre la loi qui l'interdit, la tricherie est le symptôme même de l'irresponsabilité. La ruse et l'intelligence se substituent au devoir. La performance tue la responsabilité. Le résultat ne s'embarrasse pas des moyens. On ne répond plus de son travail, de ses révisions, on triche. Or l'homme qui ne répond pas de ses actes est avant tout un tricheur. Il ne veut pas être jugé sur ce qu'il a fait. Le tricheur est cet être qui veut être évalué sur autre chose. Le phénomène est tellement banalisé que des élèves s'entraident dans cette pratique, sans voir qu'il s'agit là du modèle qui exprime la pire des relations avec autrui. C'est une relation d'assistance qui s'inscrit dans le désir commun de n'être pas responsable de ses actes. A l'école, la tricherie banalise la négation de tout devoir et le refus de toute évaluation juste.

Or le principe même de l'école est de nous enseigner par des examens, des concours ou des exercices ce qu'est notre responsabilité. C'est pourquoi on appelle « devoir » cette épreuve de mathématiques ou de philosophie que nous avons *dû* préparer. Il fallait être bien rêveur — ou pis — pour imaginer un enseignement qui fasse l'économie des épreuves. Mais les mots se sont trop banalisés eux-mêmes : « devoir », « épreuve », « examen », « correction » ont perdu un sens dont il faut les réinvestir. Ils sont en eux-mêmes indiscutables : ce sont ces contraintes qui font l'éducation à la responsabilité. On ne peut arguer des inégalités, sociales ou intellectuelles, pour critiquer l'évaluation par les résultats. En matière morale, il existe toujours une double évaluation : la conscience est là pour corriger elle-même une note qui, relativement aux autres, peut être décevante. Nous retrouvons là le principe de la parabole des talents.

L'école ne prépare pas à la vie par les contenus qu'elle dispense. Toutes les pédagogies qui veulent être au plus près du « vécu » font fausse route. L'éducation à la responsabilité est une éducation *formelle*. On entend quelquefois plaindre nos enfants trop anxieux avant un examen, qui « perdent leurs moyens », harassés de travail ; on va quelquefois jusqu'à déplorer l'injustice d'un échec imprévisible. La vie scolaire est une propédeutique à la responsabilité. L'investissement dans le travail est une première conscience de l'être responsable qui subit les effets de son insouciance ou de sa paresse. Le système de sanctions propre à l'école constitue une présence de la règle dont il faudra ensuite pouvoir se passer.

L'apprentissage de la responsabilité collective

En demeurant trop individuelle, notre éducation conduit à favoriser l'égoïsme. Il est essentiel d'apprendre dès l'école qu'une responsabilité est souvent partagée. Une équipe est rarement homogène. Dès l'école, il est possible de l'apprendre : la combinaison du travail individuel et du travail collectif est une excellente préparation à la complexité de nos responsabilités à venir.

Prenons l'exemple des dissertations : il est excellent d'inciter les élèves à partager leur réflexion, à se nourrir des apports respectifs, sous condition qu'effectivement ils soient ensuite responsables de leur propre rédaction. Préparer ensemble, dialoguer, élaborer, discuter : toutes ces opérations sont propices au développement des relations avec l'Autre. L'émulation ne doit pas se calquer sur la concurrence sauvage qui régit notre économie. L'école ne doit pas s'inspirer de la guerre économique : elle doit au contraire engager chacun à profiter de la collectivité dans laquelle il se trouve. L'école républicaine n'est pas d'essence ségrégationniste. Et même si, *in fine*, elle produit des élites et pratique une sélection effective inévitable, elle doit d'abord former un citoyen.

La connaissance au service de la responsabilité

A travers ces diverses remarques, nous avons vu que l'école pouvait développer, dans ses processus, quelques ingrédients essentiels au concept de responsabilité : la conscience, le devoir, la relation à autrui et le pouvoir. Reste ce qui semble le plus évident, à savoir le désir de connaissance. Elle doit pouvoir faire passer cette idée du souci et de l'inquiétude, directement reliée au souci de connaître.

En effet, si répondre de ses actes consiste à tenter d'en prévoir les conséquences et même à les vérifier, la responsabilité suppose un certain apprentissage de la connaissance. C'est ce que signifie en partie cette notion de culture générale : en ouvrant des horizons, parfois exotiques, l'école fait sortir du milieu souvent trop clos ou trop local que constitue la famille. Nous y apprenons ainsi mille visages et actions de l'Autre.

Dans l'école on n'insiste pas assez sur le lien qui existe entre la connaissance et l'action. La connaissance est trop souvent envisagée comme un outil de sélection. Et même si la moralité de chacun ne dépend pas de la connaissance qu'il a acquise, elle dépend toujours d'une certaine forme de *curiosité* qui s'inquiète des séries causales. La morale n'a que faire de l'érudition en tant que telle. Elle a plutôt besoin d'une pédagogie qui fasse prendre la mesure de ce qu'est un acte : c'est pourquoi on devrait multiplier les exercices susceptibles de développer le sentiment de responsabilité. Cela passe parfois par des sanctions mais le plus souvent par une juste sollicitation de la conscience.

Que signifie par exemple le fait de tricher en classe ? Un enseignant peut l'aborder de deux manières tout à fait différentes. Soit il montre que c'est fausser le jeu de la concurrence et il se réfère à une norme économique qui proscrit les ententes comme les privilèges locaux. Soit il démontre que c'est une attitude non responsable. Qui n'a pas assez travaillé, qui a fait une impasse, qui s'est désintéressé d'une discipline — ou toutes assertions contraires et positives — doit apprendre dès l'école à répondre de ses actes. C'est déjà un embryon de responsabilité. La mauvaise note qui en découle est une évaluation purement sociale. Elle devrait être accompagnée d'un commentaire qui explicite le rôle de la sanction pour en déduire quelques vérités sur la responsabilité.

La responsabilité propre des enseignants

A plusieurs reprises dans les dernières décennies, les enseignants et leurs syndicats ont réaffirmé qu'ils étaient des enseignants et non des éducateurs. C'est un contresens par rapport à ce qu'est l'école républicaine : il consiste à simplement avaliser le système de recrutement par concours en ce qu'il n'a précisément rien à voir avec une éducation quelconque. Or l'école a pour rôle d'assurer une certaine égalité dans notre société. Elle donne à certains enfants des chances qu'ils n'auraient pas s'ils n'étaient que sous la seule responsabilité de leur famille. De ce fait, son rôle ne peut se réduire à l'instruction et à la préparation des examens et concours qui rythment la scolarité des enfants. C'est une conception trop réductrice de ce qu'est l'égalité, perçue ainsi d'un point de vue strictement intellectuel.

En tant qu'ils appartiennent à une institution qui est dotée de missions par l'État républicain, les enseignants sont responsables des enfants devant la république. Ils ne peuvent se limiter au rôle de zélés médiateurs d'informations nécessaires pour franchir les épreuves prévues par le système scolaire. Et même si le droit leur a retiré toute responsabilité civile dont répond l'État selon les textes du Code, leur responsabilité morale reste entière. Par exemple, l'essentiel est qu'ils développent davantage le souci de connaître que les connaissances elles-mêmes. On sait bien d'ailleurs que la passion pour une discipline donnée dépend davantage du talent d'un enseignant que de gènes spécifiques. Or l'école doit développer le désir fondamental d'« en savoir plus » ; ce désir est enveloppé par le concept de la responsabilité, puisque, dans tous les cas, il faut être préoccupé par les conséquences de ses propres actes, ce qui est souci de connaissance.

L'enseignant qui n'est pas éducateur est une machine à enregistrer les résultats et à calculer les moyennes. De l'école primaire à l'université, avec des intensités variables, la responsabilité se forme ou se malforme ; la combinaison de la famille et de l'école permet de corriger ici ce qui est défaillant là. Il est donc essentiel que l'éducation à l'école ait un sens et prenne sens pour les élèves. Ils ne sont pas seulement là pour apprendre des opérations plus ou moins élémentaires ou plus ou moins complexes selon les stades. Ils apprennent à tenir des délais, à remplir des missions, à travailler. Il en est des exercices scolaires comme de la liturgie à l'église : ils peuvent sembler pures conventions, opérations arbitraires si le sens ne leur est pas donné. La plupart des travaux peuvent ainsi avoir deux dimensions : l'une qui concerne la formation intellectuelle, l'autre la formation morale.

Toute l'éducation est habitée par l'idée de progrès. Mais cette idée est trop souvent limitée aux résultats de la psychologie génétique. L'école doit être un lieu de vie, a-t-on dit quelquefois. Mais c'est là illusion si la vie se réfère à notre système social bien imparfait. C'est vérité, si la vie se situe déjà dans l'apprentissage des ingrédients de la responsabilité. Or, dans la situation actuelle, l'enseignement vit trop sur les paradigmes de l'égoïsme avec une valorisation excessive du succès individuel. Il faudrait le combiner avec une dimension plus collective.

On a par exemple connu des systèmes d'émulation qui s'effectuaient par groupe. Après quelques tests en début d'année, on divisait la classe en six groupes : chaque groupe était hétérogène, constitué par un équilibre d'élèves performants et moins performants. A chaque épreuve, les notes de chaque groupe étaient additionnées ; ainsi chaque groupe faisait-il le maximum pour faire progresser tous ses éléments. L'élève habitué au cinq sur vingt pouvait faire gagner son groupe s'il obtenait sept sur vingt. La joie était collective. Dans une classe, la relation avec autrui devrait être inscrite comme une dimension essentielle de la réussite. A l'heure actuelle, en France, les enseignants ne disposent pas des données élémentaires qui leur permettraient d'apprécier leur efficacité, c'est-à-dire les progrès collectifs : ils ne savent ni le niveau initial, ni les résultats aux examens terminaux. Or la responsabilité de l'enseignant-éducateur doit pouvoir aussi s'apprécier afin qu'il ne tombe pas dans le désarroi pour l'un, comme dans le succès facile pour l'autre, selon l'établissement fréquenté.

On comprend dès lors que la formation des enseignants-éducateurs devrait prendre d'autres voies et s'appuyer autant sur le sens de leur mission que sur des qualités intellectuelles trop restrictives.

La famille

La responsabilité familiale

Mais les maîtres sont aujourd'hui souvent découragés par la démission des familles. Paradoxalement, celles-ci n'ont jamais été plus présentes dans l'école — par le biais des conseils d'école ou des procédures d'appel — qu'au moment de leur déréliction la plus avancée. Or l'éducation à la responsabilité dépend autant de l'école que de cet autre pôle structurant que constitue la famille.

Comme nous l'avons déjà vu à travers la reprise d'une analyse de Hans Jonas sur la relation au nourrisson, la famille est certainement l'un des creusets où s'éprouve l'intuition la plus forte de la responsabilité. On pourrait objecter que la « dissolution de la cellule familiale », surtout exprimée dans l'augmentation du nombre des divorces ou de l'instabilité de la vie conjugale, contredit cette affirmation. Il n'en est rien.

En effet, la relation inégalitaire qui caractérisait les rapports du mari et de l'épouse s'est largement estompée. Le mari n'est plus responsable de son épouse comme les parents le sont d'un enfant : mais tous deux le demeurent. Comme l'écrit bien Évelyne Sullerot, le mouvement féministe ne peut demander tout et son contraire. Et dans les instabilités nouvelles, le critère de responsabilité devient essentiel. Plus que jamais, hommes et femmes y sont confrontés, ensemble ou séparément. La vie familiale est de moins en moins codifiée par des us et traditions : ce qui passait pour un processus naturel devient affaire de responsabilité. Dans les conflits conjugaux, dans l'épreuve qu'ils constituent pour les enfants, dans les réajustements ou réassortiments qu'ils imposent, la responsabilité devient un repère indispensable.

Grossièrement, il est possible de distinguer plusieurs situations ou actions dans lesquelles s'imposent la responsabilité et les devoirs qui s'en déduisent : la relation au nourrisson, l'éducation des enfants dans le temps, les processus de séparation ou de divorce, la recomposition de familles nouvelles. A cela s'ajoute de façon cruciale aujourd'hui la relation qu'entretiennent les enfants devenus adultes avec leurs parents âgés. Je laisse volontairement de côté la relation conjugale elle-même tant qu'elle est vécue en dehors d'une famille comprenant des enfants. Non que cette situation soit en quelque façon négligeable, mais elle me semble relever du cas général de la relation avec autrui sans exiger d'analyses particulières. Ou alors, au contraire, elle supposerait des développements trop singuliers sur l'amour et le couple en relation conjugale — ce qui n'est pas notre objet présent de réflexion.

Si, plus qu'ailleurs, la réflexion sur la responsabilité familiale s'impose, c'est essentiellement pour deux raisons : d'abord, nous sortons d'une période d'irresponsabilité et nous en constatons les dégâts : les cultes convergents du désir et de l'égoïsme ont fait oublier des devoirs élémentaires ; ensuite, par nature, la famille est un lieu d'éducation décisif.

Dans l'instabilité, la responsabilité devient un repère

indispensable. Elle installe une dissymétrie cruciale entre les parents et les enfants. Des discours ineptes, teintés d'une psychanalyse de bazar, ont tenté d'aplanir, de supprimer cette inégalité. Or celle-ci est avant tout imposée par la différence des responsabilités. On a soutenu pendant deux décennies un discours libertaire du côté des parents qui rejoignait les démissions les plus triviales. L'autorité parentale vient avant tout de la responsabilité parentale. Elle la fonde et en constitue le contenu. Toute symétrie est un faux-semblant, voir un faux-fuyant. Prenons un exemple des plus courants : l'expression de la souffrance, quel qu'en soit l'ordre. Dire que les enfants ont à connaître cette souffrance, c'est leur en faire porter le fardeau. « Les enfants doivent aussi savoir que leurs parents, des adultes, souffrent, ont des difficultés ou un vécu douloureux » — que n'a-t-on commis comme bêtises au nom de ce fameux « vécu » ! La responsabilité implique qu'on sache se retenir, c'est-à-dire « se tenir ». Les enfants vivent difficilement les conflits conjugaux ou les séparations : leurs parents le constatent, mais doivent limiter toutes les expressions qui pèsent sur les consciences dont ils ont la responsabilité. Ce sont des moments de crise dans lesquels la responsabilité doit être un repère décisif pour tous les comportements. La nécessité de poser des interdits, c'est-à-dire d'éduquer, suppose qu'on ne saborde pas sans cesse l'autorité nécessaire.

Dans bien des cas, l'expression débridée d'une souffrance, de rancœurs, de haines a été tolérée, voire encouragée, par des modes ou courants de pensée qui avaient pour seule norme un égoïsme forcené.

Ce devrait être aussi une référence pour les tribunaux et leurs juges : qu'est-ce qu'une autorité parentale qui ne se fonde pas sur la responsabilité parentale ? Ni le père ni la mère ne sont par nature dotés de cet attribut. Quand l'un, par démission ou distraction, ignore l'enfant qu'il a fait, quand l'autre, par abandon ou laisser-aller, lui met sur la tête une chape de plomb en l'accablant de pleurs ou de récits déchirants, nous pouvons parler de comportements irresponsables.

Au sens strict les parents ont toujours à répondre. Ce devoir demeure pour le père et la mère, même séparés ou divorcés. Dans ces cas leur responsabilité devient individuelle. Ou elle redevient collective dans les cas de recomposition conjugale — car le nouveau conjoint ne peut échapper à la responsabilité qu'il contracte en s'unissant à un homme ou une femme qui a déjà des enfants. Mais le drame ne vient pas tant de la séparation elle-même que de la démission qui peut s'en déduire de la part de l'un ou l'autre des parents. La responsabilité vis-à-vis des enfants est sans doute la plus importante qu'un homme ou une femme puisse avoir dans l'existence. Son abdication en devient d'autant plus tragique. En « refaisant sa vie », comme on dit, on ne s'acquitte pas des responsabilités prises dans une vie antérieure. Et il est consternant de voir — comme le constate encore Évelyne Sullerot — tant de femmes haineuses vouloir empêcher le père de leurs enfants de continuer à assumer pleinement cette responsabilité. Par cette démarche, elles font preuve d'une des pires irresponsabilités qui soient. Elles jouent du droit et de ses habitudes contre la morale de la responsabilité. Il n'est évidemment pas moins déplorable de voir des pères oublieux.

Dans le cas de la famille, nous sommes menacés par la seule acception juridique. En effet, le droit, lorsqu'il considère que les parents sont civilement responsables de leurs enfants mineurs, pourrait sembler rejoindre notre notion morale. Il n'en est rien. Le droit est toujours préoccupé par la question : qui faire payer ? D'ailleurs, là encore, il existe toute une panoplie d'assurances qui garantissent des risques que font courir les enfants, toujours susceptibles de provoquer un accident ou d'abîmer les biens d'autrui. Mais il n'y a pas d'assurance pour la responsabilité morale. Il n'en existe jamais. La dimension morale de la responsabilité ne se voit jamais plus clairement que dans ces cas où la justice ne peut intervenir. C'est pourquoi la famille est au cœur de la responsabilité. Celle-ci se saisit dans la conscience, sans qu'il y ait d'enfants battus ou abandonnés, ce sur quoi la justice se prononce.

Sous l'effet de quelques idéologies mal assimilées, la famille a souvent été tournée en dérision. La patte de Pétain, les discours conservateurs, le culte débridé d'une vaine liberté et la dégradation du tissu social nous ont souvent fait oublier qu'elle constitue un creuset de la responsabilité. L'éducation concentre en elle-même tous les ingrédients du concept pour en indiquer les devoirs essentiels.

Affirmer que la responsabilité dans la famille est au cœur de notre réflexion ne revient pas à placer les enfants sous une dépendance terrible. Ils ne sont eux-mêmes que si nous, parents, faisons en sorte qu'ils deviennent progressivement responsables. Il leur est très difficile de raisonner à partir du seul exemple de leurs parents car la relation est d'emblée dissymétrique.

La responsabilité doit donc être le repère qui leur permettra de se situer dans l'existence. Cette notion n'est pas l'autonomie si souvent valorisée. Les règles ne peuvent être élaborées dans la spontanéité pure. Elles doivent d'abord être présentées, posées devant eux. L'idéal n'est pas que l'enfant se « débrouille tout seul » le plus vite possible. Il doit être sans cesse confronté à ses actes et devoir en répondre. L'apprentissage de la responsabilité passe par cette démarche étymologique.

Plus l'enfant grandit, plus il accroît son pouvoir conscient sur les choses et les êtres. Plus son pouvoir et son territoire grandissent, plus apparaissent ses devoirs de responsabilité. Prenons l'exemple du travail scolaire et des efforts qu'il demande : passé la période de contrainte nécessaire ou de plaisir immédiat — les enfants sont en effet très différents dans leur relation à l'école —, il est fort illusoire de laisser les enfants à eux-mêmes en considérant de façon prématurée qu'il s'agit de leur responsabilité. Comme nous l'avons vu, la responsabilité induit une certaine conscience des conséquences, une vision de l'avenir enclenché par les séries causales que nos actes déterminent. Les enfants en sont longtemps incapables. Le rôle des parents, plus conscients de ces conséquences, n'est pas seulement de les énoncer, il est d'organiser des contraintes qui durent autant que cette conscience n'est pas acquise par l'enfant lui-même.

L'enfant ne peut avoir immédiatement une conscience claire du devoir lié à la responsabilité. Pris dans un système qu'il n'a pas choisi mais qui s'impose à lui, il ne peut en maîtriser les rouages. Or l'exigence des parents ne peut qu'être supérieure au système et non pas inférieure. Il faut entendre ces propos moralement et non sous l'angle de contraintes ou d'exigences strictement sociales. La finalité de l'éducation n'est pas de faire réussir dans la vie, mais de donner tous les moyens pour que l'enfant ne puisse se retourner vers son environnement pour se dégager. Quelles que soient ses facultés intellectuelles, chacun peut être responsable de ce dont il dispose.

On mesure les dégâts d'une norme strictement intellectuelle qui ne valorise le contenu des études qu'en fonction de la réussite sociale qu'elles permettent. A cet étalon, il est possible de mesurer l'inanité d'une prolongation de la scolarité forcenée. Si la responsabilité apparaît comme une valeur supérieure à toutes les autres, elle ne doit pas être confondue dans l'éducation avec le désir du pouvoir. Une éducation qui associe dans toutes ses procédures la réussite intellectuelle avec le pouvoir qui s'en déduit prépare bien mal aux responsabilités qu'impliquera celui-ci : loin d'être légitimé par la responsabilité qu'il suppose, il ne l'est que par l'intelligence qui a permis d'y accéder. C'est pourquoi l'éducation à la responsabilité doit être au plus tôt intégrée dans les pédagogies complémentaires de la famille et de l'école.

L'éducation des enfants

La tâche de l'éducation est notre première responsabilité. Nous savons aujourd'hui que les automatismes n'existent plus. Chaque éducation est invention. Mais quelle que soit l'instabilité du couple, la responsabilité des parents reste la même. Nous savons qu'il n'existe pas une solution miracle, qu'un couple uni n'est en rien une garantie, comme un divorce ou un remariage ne sont en rien des fatalités catastrophiques. Mais dans ces instabilités nouvelles — celles qui nous environnent comme celles que nous vivons —, la responsabilité est un repère décisif. Elle nous permet de garder le sens intime du devoir. En joies ou en souffrances, le devoir reste le même. Le nourrisson ou les enfants sont toujours là, devant nous.

Ils doivent être meilleurs que nous, meilleurs que le monde dans lequel nous vivons. « Il faut élever les enfants non pas en fonction du monde tel qu'il est, mais en fonction d'un état meilleur, possible dans l'avenir. » Cette belle affirmation de Kant nous dit assez que notre exemple est insuffisant et que, même s'il est mauvais, il nous reste une tâche essentielle.

La lutte contre l'égoïsme

Responsables de former des êtres responsables : l'énoncé peut être circulaire, mais le devoir s'impose comme l'enfant devant nous. La notion de responsabilité est abstraite dans son énoncé ; mais dans l'éducation, elle passe par des procédures qui correspondent assez bien à ses propres composantes. Quelques exemples suffiront à faire comprendre ce qui fait l'éducation à la responsabilité.

D'abord, la chasse à tous les égoïsmes et l'éloge de la générosité. L'homme responsable est un être qui se dépense et dépense, qui se démène pour répondre de ses actes. L'égoïste est un avare saisi par son avarice. Il agit le moins possible et répond le plus petitement possible. Un enfant qui ne prête pas ses jouets, en qui on cultive le sens de la propriété ou le culte du plaisir solipsiste, ne sera pas un être responsable. La responsabilité est ouverture sur autrui, intégration d'autrui dans chacun de nos actes. Elle est une invitation de l'Autre. Elle ne s'arrête jamais à l'acte unique lui-même, sans en explorer généreusement les conséquences. L'égoïsme est la négation de tous les devoirs, puisque tous se rapportent à soi. L'égoïste compte son magot, il thésaurise. Il s'enferme dans ses jouets, ses habitudes, refuse de prêter son lit et veut être chez lui dans sa chambre *à lui*. Il veut n'avoir à répondre devant personne d'autre que soi-même. Il est sa seule instance. L'homme responsable, même s'il ne se sent pas menacé par autrui, simule toujours en lui-même cette réponse qu'il devrait pouvoir faire à l'autre qui l'interroge : « As-tu vraiment fait ça ? » ou « Pourquoi n'as-tu rien fait ? »

On insiste souvent sur le fait que l'enfant, dès la petite école, doit se sentir responsable de ses propres affaires, en prendre soin, éviter leur dégradation. Sans faire l'éloge du vandalisme, il faut se méfier de ce culte de la propriété.

Être responsable de ses propres affaires, ce doit d'abord en être responsable comme si c'étaient les affaires d'un autre à qui on ne voudrait faire dommage. Il n'existe pas de responsabilité sans la présence, même imaginaire, de l'Autre : il s'agit toujours de répondre et de penser ses propres devoirs en fonction d'une réponse qu'on voudra faire ; à cet Autre qui peut être notre propre conscience, en l'absence d'interrogateur.

Les ambiguïtés de la psychanalyse

La psychanalyse a joué un rôle très ambigu. D'un côté, elle conforte des catégories normatives qui imposent à chacun de jouer son rôle de père et de mère. D'un autre, dans ses variantes multiples, elle a largement encouragé l'irresponsabilité, et ce de façons très diverses. Pour simplifier, on peut identifier le rôle néfaste joué par plusieurs déformations quelquefois hautement revendiquées et toutes nées d'une vulgarisation aussi maladroite que prématurée : l'éloge inconditionnel du désir et du principe de plaisir ; l'affirmation d'un déterminisme naïf ; l'étayage psychologique qui conduit certains adultes à se reposer entièrement sur une cure analytique aux dépens de leur propre responsabilité — ainsi pouvait-on auparavant agir mal dans la certitude que l'on pourrait s'en confesser.

Il serait bien injuste de porter un jugement péremptoire sur la psychanalyse à partir de certaines dérives critiquées par la plupart des psychanalystes eux-mêmes. En revanche, il est clair qu'une vulgarisation de pacotille a souvent conduit à des inhibitions injustifiées par le fait même qu'elle a popularisé un déterminisme naïf et quasiment interdit le recours à la mauvaise conscience. En voulant évacuer tout sentiment de culpabilité, ces succédanés de psychanalyse ont rendu impossible tout processus éducatif.

En effet, la culpabilité est indissociable de la responsabilité. Si l'on en évacue la dimension juridique ou judiciaire, la culpabilité est un sentiment qui découle directement du fait que, se sentant responsable d'une faute, on se considère comme « en faute ». Je ne vois pas bien en quoi cette situation devrait être évitée à tout prix. Le sentiment de culpabilité est le lot de tout homme responsable. Comme la honte est le symétrique de la fierté, la culpabilité est pour l'homme responsable une donnée objective. Il faut même ajouter qu'elle est nécessaire et fait partie du processus de vérification par lequel on s'enquiert des conséquences de ses actes. Aussi dans l'éducation est-il indispensable de montrer à l'enfant quand il est « en faute ». La faute n'est pas alors le produit de la seule évaluation sociale, elle induit un sentiment de culpabilité, garant des progrès à venir. Il ne faut donc pas confondre un complexe inconscient non maîtrisé, qui doit être parfois débusqué par l'analyse, et un processus d'auto-évaluation qui est le moment nécessaire de l'éducation.

Or, au lieu d'intégrer dans l'éducation tout ce que la psychanalyse nous apprend sur les équilibres essentiels de la vie psychique (les rôles respectifs des affects et de l'autorité), on en a souvent retenu la crainte du surmoi, la libre expression du désir et l'éloge de l'expression spontanée.

La famille et l'éducation des hommes responsables

Généralement on pourrait dire que toute éducation a pour résultat de faire accéder à la responsabilité : quel que soit l'âge, quand on quitte sa famille, c'est que l'on est, en droit, adulte. En fait, il nous semble que la formation à la responsabilité dépend en grande partie de la famille elle-même, abstraction faite des objectivations juridiques.

C'est sans doute une des missions essentielles des parents. Et c'est ainsi que se construit, de génération en génération, une chaîne de responsables qu'il faut à tout prix éviter de briser.

Les parents peuvent multiplier les occasions de développer en leur enfant le sentiment de responsabilité, avant même d'en avoir clairement développé le concept, avec plus ou moins d'adresse et de pertinence. Ce peut être à propos d'objets et du soin qu'on leur doit, sous condition que cela ne mène pas à des comportements égoïstes comme le refus de prêter ou de donner. Ce peut être, suivant l'âge, à l'occasion d'actes dont l'enfant ne mesure pas lui-même toutes les conséquences : il importe alors de lui indiquer des séries causales qu'il s'habituera à reconnaître avec le temps.

Mais l'essentiel se joue certainement dans la *parole.* La racine même du concept dit assez le rôle que joue la parole dans toute formation morale : l'enfant parle, il faut qu'il puisse aussi répondre. Il est en effet difficile d'indiquer à un enfant des espaces de pouvoir dans lesquels s'exerce effectivement sa responsabilité. En revanche, les parents peuvent sans cesse le prendre au mot. En effet la capacité à répondre de ses actes, même chez l'adulte, implique un discours dans lequel il peut ou l'on peut formuler ce dont il est responsable. Dans toute morale, le *poids de la parole* est crucial. L'éducation des enfants passe par cette prise de conscience. La proximité est grande entre l'idée que la parole est un engagement et la notion de responsabilité. En effet, la responsabilité se vit d'abord comme un engagement ; soit qu'on s'engage à assumer des fonctions données, soit qu'on soit engagé par une situation qui s'impose à nous, comme précisément la présence de l'enfant.

Pour enseigner ce qu'est la responsabilité, il faut

d'abord faire comprendre que le premier acte est un acte de parole. A défaut de pouvoir répondre de tous ses actes car il n'en peut encore mesurer toutes les conséquences, l'enfant est très vite capable d'établir un lien entre une parole prononcée et des actes qui la contredisent ou lui sont cohérents.

Il est impossible, dans l'éducation, d'éviter les sanctions. Mais elles doivent être, dans le discours parental, l'équivalent de ce qu'est l'exigence de parole qu'on tente d'inculquer à l'enfant. La sanction — punition ou récompense — doit échapper à l'arbitraire : elle fait partie intégrante des engagements pris par l'un et par l'autre. Elle doit être vécue comme un simple et pur *effet* des paroles prononcées et des actes commis. Soit une parole de l'enfant : oui, je ferai ceci — j'apprendrai ma leçon ou je rendrai tel service — ; la sanction est le résultat d'un processus expliqué au préalable. Cet effet peut être vécu comme une cause finale ; c'est-à-dire que l'enfant peut agir en fonction de son intérêt propre qui est d'obtenir le meilleur effet de sa parole et de ses actes. La situation est inévitable car le discours seul est impuissant : elle fait prendre conscience du caractère implicitement contractuel de la parole et de ce qu'est un engagement. On en déduit que, au fil du temps, dans le long processus de maturation, le devoir doit se substituer à l'intérêt.

Cette transition est rendue possible quand l'intérêt trouvé dans le respect de ses engagements est toujours dissocié de l'intérêt égoïste. C'est pourquoi toute éducation à la responsabilité passe par une lutte toujours recommencée contre l'égoïsme de l'enfant. Les manuels du début de la IIIᵉ République l'avaient bien vu : l'éducation du citoyen passe nécessairement par la négation de l'égoïsme. Il faut donc faire vivre aux enfants la contradiction entre cet intérêt qu'ils trouveront à répondre de leurs paroles et l'intérêt égoïste qu'ils pourraient trouver à n'en point répondre. Si l'on veut progressivement renforcer ce sentiment de responsabilité, l'on doit déconnecter l'intérêt égoïste de l'engagement. L'enfant peut trouver quelque intérêt à satisfaire ses parents ; il peut être fier de son respect, ou de l'amour qu'il inspire ; il peut aimer satisfaire l'amour qu'on lui porte ; il désire être l'objet d'une confiance. Mais tout cela n'est évidemment pas spontané. Le développement de ce sentiment ne va pas de soi. La fierté est un beau ressort qu'il ne faut pas négliger. Il est légitime d'être fier d'une belle action. Et je suis convaincu que le discours de maints pédagogues contre la honte est une erreur fondamentale. La *honte* est aussi un ressort de l'éducation ; elle est un aspect de la conscience. La mauvaise conscience est la conscience du mal ; il n'y a pas lieu de l'évacuer du processus pédagogique. Il faut simplement ne pas la confondre avec l'*humiliation* qui demeure dans l'élément strictement social. La fierté et la honte sont des éléments essentiels de toute éducation. La tâche des parents, comme de tous les éducateurs, est de les rendre intimes. Il s'agit avant tout d'en faire des sentiments et non des évaluations sociales. Il faut cultiver en elles le sens pratique, c'est-à-dire tout ce qui porte à l'action. La famille joue, dans ce cas, un rôle fondamental : les parents sont les consciences qui font prendre conscience. Toute l'éducation réside dans ce jeu des consciences.

Aussi ne doit-on pas diriger les études de ses propres enfants en leur faisant sans cesse miroiter une réussite sociale et un avenir de pouvoir. La parabole des talents — ou des mines, selon les Évangiles — montre une belle voie, quoiqu'elle se fonde dans une eschatologie dont la morale doit se passer. Rappelons-en le texte :

Il en sera comme d'un homme qui, partant pour un voyage, appela ses serviteurs, et leur remit ses biens. Il donna cinq talents à l'un, deux à l'autre et un au troisième, à chacun selon sa capacité, et il partit. Aussitôt celui qui avait reçu les cinq talents s'en alla, les fit valoir, et il gagna cinq autres talents. De même, celui qui avait reçu les deux talents en gagna deux autres. Celui qui n'en avait reçu qu'un alla faire un creux dans la terre, et cacha l'argent de son maître. Longtemps après, le maître de ces serviteurs revint, et leur fit rendre compte. Celui qui avait reçu cinq talents s'approcha, en apportant cinq autres talents, et il dit : Seigneur, tu m'as remis cinq talents ; voici, j'en ai gagné cinq autres. Son maître lui dit : C'est bien, bon et fidèle serviteur ; tu as été fidèle en peu de choses, je te confierai beaucoup ; entre dans la joie de ton maître. Celui qui avait reçu deux talents s'approcha aussi, et il dit : Seigneur, tu m'as remis deux talents ; voici, j'en ai gagné deux autres. Son maître lui dit : C'est bien, bon et fidèle serviteur, tu as été fidèle en peu de choses, je te confierai beaucoup ; entre dans la joie de ton maître. Celui qui n'avait reçu qu'un talent s'approcha ensuite, et il dit : Seigneur, je savais que tu es un homme dur, qui moissonnes où tu n'as pas semé, et qui amasses où tu n'as pas vanné ; j'ai eu peur, et je suis allé cacher ton talent dans la terre ; voici et prends ce qui est à toi. Son maître lui répondit : Serviteur méchant et paresseux, tu savais que je moissonne où je n'ai pas semé, et que j'amasse où je n'ai pas vanné [...]. Ôtez-lui donc ce talent, et donnez-le à celui qui a les dix talents. Car on donnera à celui qui a, et il sera dans l'abondance, mais à celui qui n'a pas on ôtera même ce qu'il a. Et le serviteur inutile, jetez-le dans les ténèbres du dehors, où il y aura des pleurs et des grincements de dents. (Matthieu 25, 14-30.)

Si on l'interprète dans le sens d'une morale de la responsabilité, elle signifie que chaque homme dispose d'un certain capital — ce qu'on nomme d'ordinaire les *dons*. A ce titre il en est responsable, c'est-à-dire qu'il doit le valoriser. Certes, il est impuissant devant ce capital de départ. Il ne dépend pas de lui. Mais il doit répondre de son exploitation. Son devoir est de faire fructifier. C'est dire que l'éducation ne peut se passer d'un certain culte de l'effort : qu'on le nomme *travail* dans certains cas, *générosité* dans d'autres, ce sont les principaux ressorts du devoir. On ne peut se passer de tels leviers.

L'enfant doit apprendre le plus tôt possible ce qui dépend de lui et ce qui n'en dépend pas. C'est donc une erreur pédagogique, c'est-à-dire une faute, que de trop valoriser les dons de la fortune, comme l'intelligence. L'éducation doit toujours lutter contre le capital ; elle doit le considérer comme un fait brut. On ne peut se retrancher derrière un faible capital pour le maudire et baisser les bras en en prenant argument — ce que justifie un excès d'honneur attribué à l'intelligence. Seule la transformation, l'exploitation, c'est-à-dire le mouvement, comptent d'un point de vue moral. Grandir, c'est agrandir son capital, sans se préoccuper du fait qu'il soit sien ou non. Le sens de la parabole — hors sa dimension religieuse — consiste précisément à dire que la valorisation du capital n'est pas pour soi. On peut en être fier, mais il est d'abord *pour autrui*. L'idée qu'il est pour le maître est une belle idée. Car dans la responsabilité, le maître c'est toujours l'Autre, en dernière instance. Je suis responsable pour autrui. Nous avons d'ailleurs tous l'intuition qu'à l'école, comme dans la famille, nous avons souvent travaillé pour le maître. Pour lui faire quelque plaisir ; par reconnaissance et pour obtenir un mot de lui qui fût comme un mot d'amour.

La relation au maître qui est l'Autre est déterminante dans la lutte contre l'égoïsme. Trop de discours pédagogiques ne remuent chez l'enfant que la fibre de son propre intérêt : « Tu gâches tes chances ! », « Qu'est-ce que tu vas devenir ? », « Pense à ton avenir »... On ne cultive pas assez la dissymétrie fondamentale qui se constitue dans la relation avec l'Autre. On s'appuie trop sur un culte du désir dont l'objet est sans cesse ramené à soi.

Toute éducation doit insister sur la décentration toujours nécessaire. Cela ne signifie pas qu'il faut penser à l'Autre comme s'il était moi, mais au contraire comme s'il était *plus que* moi. *L'Autre doit exiger de moi plus que je n'exige de lui :* telle est la maxime qui doit pénétrer les consciences enfantines. Nous en avons un exemple clair avec la notion de propriété. Quel que soit le statut que lui reconnaisse la société, elle doit être bannie de toute éducation. Certes, la possession existe bien. Très vite l'univers se structure dans la différence entre *le mien* et *le tien*. Mais il y a loin de la possession à la propriété ; l'une est un fait, l'autre est un droit. L'une est transitoire, l'autre est imprescriptible. L'une implique qu'on ait le soin des objets mis à sa disposition, l'autre qu'on ne les prête ni ne les cède. Certes les objets ont des statuts différents suivant qu'ils sont outils de travail scolaire ou simples jouets. L'enseignement de la différence est crucial car il induit une différence des responsabilités. L'égoïsme se marque dans le refus de prêter un jouet, mais la responsabilité implique qu'on en ait soin.

La relation au devoir doit donc être répétée dans l'éducation et notamment dans la famille. Elle est l'objet de conflits inévitables. La démarche essentielle consiste à ne jamais donner l'impression de l'arbitraire : sans cesse doit être montrée la relation à autrui et à la responsabilité.

On pourrait distinguer entre les âges et les étapes qui conduisent de l'enfance à l'adolescence. Mais les principes restent les mêmes : au fil du temps, l'autonomie s'accroît d'autant plus que l'enfant a pris conscience des enjeux de sa propre responsabilité. Je ne pense pas que la pression puisse se relâcher. La famille est là pour indiquer des normes et les rappeler sans cesse. L'éducation à la responsabilité est un processus : elle commence par faire intégrer les ingrédients (devoir, conscience, pouvoir, autrui, réponse, parole), puis progressivement elle peut mettre dans des situations d'authentique responsabilité. C'est là d'ailleurs le double rôle, convergent, de la famille et de l'école. Et comme la sanction ne peut être au début le fait de la seule conscience, il est impératif qu'une autorité extérieure permette à la conscience éduquée d'évaluer son propre comportement. Cette éducation est certainement directive, mais sa finalité n'est pas de laisser en dépendance. C'est cet horizon qui la sauve de toute présomption d'endoctrinement.

Encore faut-il que la famille ne soit pas elle-même un lieu de partialité, comme disait Hume, c'est-à-dire une nouvelle forme d'égoïsme à l'échelon de sa structure nucléaire. Très vite l'enfant doit avoir le sentiment qu'elle n'est qu'un sous-ensemble, pris dans d'autres ensembles qui, en tant qu'autres, existent pour elle. C'est pourquoi l'image de l'autre, la relation à autrui qui sont ainsi forgées doivent sans cesse prendre appui sur l'autre même de la famille. Autrui ne peut rester dans une relation affective, seulement déterminée par la parenté. L'ouverture de la famille sur tout ce qui n'est pas elle est une nécessité pour cette éducation de la responsabilité. La situation est sans doute paradoxale, mais c'est peut-être un élément qui est facilité par l'instabilité de la vie des couples, sous condition qu'aucun des parents n'abdique, en ces instants difficiles, sa propre responsabilité.

Décomposition et recomposition familiales

Pour de nombreux parents la vie connaît aujourd'hui bien des déchirures que vivent leurs enfants. Ils se séparent puis, souvent, se remarient. Les enfants connaissent plusieurs logements, des demi-frères ou demi-sœurs, des beaux-pères ou des belles-mères. Dans ces moments d'instabilité, dans ces périodes où la famille traditionnelle se dissout, la responsabilité est plus que jamais une référence nécessaire. Il serait bien vain de se contenter d'en appeler à des retours en arrière illusoires. La particularité de chaque cas rend modestes les jugements : on ne sait jamais si les parents sont plus responsables en se séparant ou en demeurant ensemble. Cependant, quelle que soit leur décision, les enfants sont toujours là. Ils s'imposent de la même façon que dans la famille traditionnelle qui devait se poser moins de questions.

Dans la plupart des cas, l'improvisation est grande. La rupture du couple est une période de déséquilibre qui touche aussi bien les parents que les enfants. Mais la notion de responsabilité nous montre bien qu'il n'y a aucune symétrie dans ce déséquilibre. Quand tout semble s'effondrer, quand la dissension s'affirme pour se développer parfois devant les tribunaux, les enfants sont toujours là.

La responsabilité de l'adulte est alors multiple et reste la référence majeure qui doit servir d'étoile Polaire à ses comportements. Quand la rupture du couple s'accompagne de rupture avec l'enfant, notre responsabilité s'anéantit. Ce devoir est presque sacré. C'est ce que l'on veut dire en affirmant qu'il faut laisser l'enfant en dehors des conflits. Évidemment, il n'y est pas étranger puisqu'il vit ce conflit, souvent douloureusement. Mais des parents responsables font tout pour l'atténuer. Ils ne disparaissent pas comme parents dans cette situation, puisque l'enfant ne sait pas disparaître comme enfant.

Il n'est rien de plus sordide que de vouloir se venger d'un conjoint en ustensilisant l'enfant dont les deux sont solidairement responsables. Évelyne Sullerot montre opportunément à quel point l'absence de règle de droit dans le cas des couples non mariés provoque une dissolution des responsabilités parentales avec l'acharnement de certaines mères à séparer leur enfant du père. A l'inverse, il n'est pas rare de constater à quel point certains pères, encore engoncés dans une tradition dépassée, oublient leur rôle pour vivre une nouvelle vie où leur enfant passé n'a plus de place.

Ces moments sont déterminants : pour comprendre ce qu'est la responsabilité ; pour en développer l'intuition forte qui domine à la naissance ; pour montrer à quel point elle devient un repère indispensable dans une société instable. En effet que signifie dans ces cas « être responsable » ? C'est s'en tenir à l'essence même de la relation qui s'est instaurée entre chaque parent et son enfant. Cette relation ne s'atténue pas avec le temps, au fil de l'âge : elle demeure de pleine responsabilité. Elle constitue un devoir invariant qu'aucune souffrance, aucune déchirure ne saurait entamer. Les parents, mari et femme, sont des égaux. Mais ils ont des devoirs spécifiques vis-à-vis de leurs enfants. Ces derniers ne peuvent pas comprendre et n'ont pas à comprendre ce que l'un juge « tension » ou l'autre « faute ». Un tribunal peut statuer, pas un enfant. Il doit être épargné par les agressions, par les drames qui secouent l'existence de ses parents. C'est n'être pas responsable que de lui emplir le crâne de haines et de rancunes. C'est n'être pas responsable que de le pousser à prendre parti. C'est n'être pas responsable de le vouloir séparer de l'un ou de l'autre. C'est, somme toute, n'être pas responsable que de ne pas savoir préserver l'être dont on a pleine responsabilité, que de l'impliquer, que de l'écarteler comme de l'abandonner. Face aux enfants la responsabilité nous donne des rôles qu'il faut jouer malgré tout, envers et contre tout. Sans doute est-ce, dans l'existence, notre premier devoir, c'est-à-dire notre devoir le plus impératif.

Plus encore, dans la recomposition des couples, les enfants de l'un créent des responsabilités nouvelles pour l'autre qui ne les a pas enfantés ou engendrés. Ce sont des enfants : dès qu'ils entrent dans l'espace d'un nouveau couple, ce dernier est solidairement responsable. Ces situations exigent des efforts, quelquefois de l'abnégation, comme le suggère l'essence même du concept de devoir. En tant que parents, nous ne devons pas nous laisser aller à nos désirs, à nos haines, à nos pleurs, à nos souffrances : car nos enfants n'ont ni à les supporter, ni à les porter. Impuissants face à ces situations difficiles, ils n'exigent, en plein droit, qu'une sérénité qui les aide à vivre ces temps douloureux qui ne les épargnent jamais tout à fait. Puisque, aujourd'hui, on se soucie moins de sauver les apparences dans le couple, il faut du moins garder l'essentiel. Je ne crois pas qu'un homme ou une femme puisse être responsable ailleurs s'il ne l'est d'abord par rapport à ses propres enfants.

La famille et les « aînés »

Notre société est devenue égoïste, à l'encontre de tous les principes républicains autrefois enseignés. Elle craint la générosité, la soupçonne et s'en déleste. Rien n'est plus significatif à cet égard que l'attitude qui se répand à l'égard de nos parents devenus vieux — parqués, isolés, abandonnés à des retraites anticipées.

Autrefois, on appelait cela la « reconnaissance du ventre ». C'était une attitude ressentie comme naturelle, même si elle était culturelle. Aujourd'hui les enfants devenus adultes ont trop tendance à s'exonérer de leurs responsabilités sur les conditions de logement, sur leur tranquillité sociale ou sur leur confort nécessaire.

L'homme responsable se sait des devoirs vis-à-vis de ceux qui l'ont rendu tel. Nous choquons tous ceux que nous méprisons au nom de nos valeurs par ce que nous faisons de nos aînés. Le problème va se poser de façon encore accrue dans les années qui viennent. La prolongation de la vie ne saurait être un but en soi. Il nous faut encore en tirer toutes les conséquences.

La rupture du lien social signifie que, dans nos actions, nous ne percevons plus les effets de nos actes. Nous voulons nous en couper pour oublier, c'est-à-dire pour ne pas en répondre. Le problème de l'insertion ne se pose pas seulement pour les pauvres, il se pose aussi pour ceux qu'on marginalise parce qu'ils nous gênent. Les aînés ne constituent pas une question strictement politique. La famille prend le relais de l'État qui peut tout au plus garantir quelque revenu par le système de retraites qu'il a mis en place. Mais l'essentiel, ce qui reste, dépend de chaque individu, dans et pour sa propre famille. Il n'existe jamais de responsabilité générale, de causalité transcendante qui nous exonère de nos devoirs. On peut toujours se justifier par l'exiguïté du logement, par l'évolution des mœurs, et par tous autres subterfuges. Si chacun n'agit pas dans sa propre famille, la politique est bien vaine. Nos parents, grands-parents ne deviennent pas irresponsables comme nous l'étions enfants. Mais nous, nous devenons aussi responsables d'eux non pas « comme », mais en même temps que de nos propres enfants. Ainsi toute notre vie se passe-t-elle dans l'empilement de responsabilités qui en font la richesse et le sens. La grandeur de la famille, c'est d'abord d'être le creuset de toutes les responsabilités. Si l'on ne s'y enferme, elle en est la meilleure propédeutique pour toute l'existence, le plus bel héritage, le seul qui compte quand tous les autres vont souvent à l'encontre de la responsabilité individuelle.

Éducation et responsabilité sexuelle

Il serait bien difficile d'aborder la question de l'éducation en ignorant la sexualité, qui concerne tous les hommes dans la plupart de leurs activités. C'est une épineuse question tant le discours moral s'y est discrédité à force d'obsession malsaine. On pourrait en suggérer d'autres, mais c'est sans doute un des aspects les plus courants de notre vie commune qui a le plus souffert d'une absence totale de repères durant les dernières décennies.

On a pris coutume pendant des années de penser la sexualité en termes de liberté, de désir, voire de libération. Ces discours ont été tellement tonitruants que la moindre hésitation faisait passer pour réactionnaire. S'il ne s'était agi que d'une réaction contre un aspect désuet de la morale, le mouvement eût été plus bref. La morale avait vécu sur une telle obsession de la sexualité qu'aujourd'hui encore on l'évoque en ces termes. Il suffit que le sida induise des déclarations répressives pour qu'on parle immédiatement d'un « retour de la morale ». Triste vision d'une morale sordide, plus préoccupée des organes génitaux que des meurtres incessants qui peuplent les images dont sont gavés nos enfants.

Or il faut le dire tout net : le sida n'a en rien renouvelé notre réflexion morale sur la sexualité. Il n'a sollicité qu'une intelligence aiguillonnée par la peur. La mauvaise conseillère est par essence inhibante. Si nous devions traiter de la sexualité dans la seule perspective d'éviter une épidémie, nous n'aurions guère progressé par rapport aux réflexions identiques qui rôdaient autour des maladies vénériennes. La transmission consciente d'une maladie installe d'emblée dans la sphère de la culpabilité. Et nous aurions tort de vouloir penser notre responsabilité à partir de la seule pathologie et des terreurs qu'elle nous inspire. L'ampleur du mal ne rend pas plus morale l'angoisse qui nous agite.

Et pourtant, il serait insensé de penser que la sexualité, qui fait pleinement partie de notre vie, échappe à toute réflexion morale. C'est n'être pas responsable que de s'interdire tout discours comme toute référence. Devenus parents, les soixante-huitards de ma génération ont au mieux gardé pour leurs enfants quelques remarques désordonnées. Ils n'osaient soutenir publiquement tout ce qui pourrait avoir l'odeur de la répression. La hantise d'être « ringard » a paralysé toute réflexion. De plus leur désir de n'être pas en contradiction avec leurs propres comportements a entraîné une démission justificatrice.

Il est vrai que toute critique morale sur cette question doit « marcher sur des œufs », tant le passif du discours imprègne encore nos esprits ; tant les résurgences de puritanisme, ici ou là, nous rappellent de mauvais souvenirs. Nous hésitons, partagés entre la conviction que la sexualité ne peut échapper au champ de la réflexion morale et la crainte qu'il ne s'agisse pour nous que de relents issus de nos vieilles inhibitions.

Nous ne pouvons sortir de cette hésitation qu'en recourant à ce repère efficace qu'est la responsabilité. Il nous évite les polémiques d'un autre temps qui demeurent dès qu'on évoque le sexe. Car il y faut de la sérénité comme sur toutes choses. Inutile par exemple de tenir ce discours absurde qui prétend que le pape est un scandale vivant : il contribuerait à propager le sida en refusant le préservatif. Quoi qu'on pense des prémisses, l'argumentation papale est d'une cohérence parfaite ; à la suivre, on fait s'éloigner le danger. Logiquement, ceux qui acceptent ses conseils sur le préservatif et subissent son influence ne peuvent isoler ce précepte-là de tous les autres. La modération dans l'activité sexuelle, la fidélité dans le couple sont des moyens très sûrs de limiter l'expansion de la maladie. L'attitude du pape est d'une grande responsabilité, comme toute incohérence est marquée d'irresponsabilité. C'est pourquoi il est bien sot de hurler avec les loups en affichant un mépris souverain pour le pontife : on peut contester le sens qu'il donne à la vie sexuelle ; on ne peut pas contredire les conséquences qu'il en déduit.

La sexualité est peut-être le champ dans lequel nous pouvons le mieux établir le lien entre la responsabilité et la générosité. Non seulement parce que la générosité évoque le flux séminal, et un certain don de soi qui peut parfaitement s'exprimer dans la relation sexuelle. Mais sous l'influence d'une psychanalyse de bas étage, le culte de l'égoïsme a envahi les pratiques sexuelles. Le plaisir y porte naturellement tant qu'on évacue le plaisir du don et le plaisir de la dépense qui font l'agrément du généreux. L'agrément est sans doute un meilleur concept qui exprime bien à la fois le plaisir et l'accord de l'autre.

Il me semble indispensable aujourd'hui de renouer les liens qui unissent toute forme d'action à un discours moral : or la sexualité est bien un acte et pas seulement un jeu d'organes. On ne voit pas pourquoi elle échapperait à toute réflexion. Il nous faut sortir d'une situation faussée par l'histoire de nos libérations, parfois prétendues : la sexualité ne peut pas être banalisée, ni rendue anodine. Elle est au cœur de notre être et elle détermine bien des rapports avec les autres. On ne peut pas faire comme si seul un désir animal s'exprimait par son canal et comme si toute autorégulation relevait d'une inhibition infantile ou d'interdits sociaux. Au point de culpabiliser toute continence sexuelle — ce que disent assez bien les images ridicules du puceau et de la pucelle — et d'assimiler le premier coït à la première cigarette, expériences nécessaires pour qui veut avoir l'image d'un adulte.

Il faut nous méfier des techniques modernes qui nous dépossèdent de toute réflexion. A y regarder de près, la pilule et le préservatif sont à la sexualité ce que l'assurance est à la responsabilité civile. Dès le moment où nous sommes garantis, dès le moment où l'on ne peut plus nous imputer une grossesse ou une MST, la réflexion devrait s'arrêter. Or la sexualité n'est, ni dans notre vie psychique, ni dans notre vie corporelle, un élément mécanique qui relève seulement de besoins naturels. Comme l'a bien montré une psychanalyse sérieuse, elle est au cœur même de notre être. Et cela vaut bien quelque ménagement, voire quelque réflexion.

En premier lieu, la caractéristique de la sexualité est de s'épanouir dans une relation avec l'Autre. C'est du moins dans ce cas que peut être évoquée notre responsabilité. Cette relation est la plus intime qui soit : elle touche le cœur de l'être. Elle ne peut donc être banalisée. Qu'une éducation sexuelle scolaire explique des mécanismes, soit. Mais l'éducation familiale n'est pas un cours de sciences naturelles. Elle passe par cette considération : la relation sexuelle n'est pas la simple expression d'un désir animal, sauf cas pathologiques. Certes on trouve déjà quelque responsabilité dans les précautions hygiéniques qui s'imposent, comme dans les aveux qui évitent les actes criminels. Il faut le dire et l'enseigner. Mais il faut aller plus loin, au-delà des accidents épidémiques et des techniques élémentaires.

Dès le moment où l'Autre est en jeu, je ne peux me contenter d'exprimer un désir égoïste ; je suis pleinement responsable de mon acte — en l'occurrence, de mon acte sexuel — quel qu'il soit. Je dois en mesurer les effets. Je dois m'assurer que cet acte n'a pas valeur de promesse pour l'autre avec qui je vais jouir. Je peux perturber son activité, ses études, sa vie affective. Car je sais que la sexualité n'est pas anodine. Ces interrogations ne s'imposent pas seulement dans les cas où la relation est dissymétrique (employeur/employé, maître/étudiant, etc.) et où la responsabilité est redoublée. Elles se fondent dans une réalité objective du désir sexuel : c'est un désir impérieux et puissamment égoïste. Plus que tout autre il obéit à des pulsions de l'instant et cherche la prompte satisfaction. Et, par nature, il peine à prendre en compte le temps dans lequel se déploient les conséquences des actes dont nous sommes responsables. Il ne suffit pas de s'en tenir aux crimes ou aux délits : la sexualité n'a pas comme seule limite la violence physique faite à l'Autre. La légalité est encore insuffisante. La responsabilité ne concerne pas seulement sa transgression. Bien sûr le désir sexuel n'est pas mauvais en lui-même, mais il est en deçà de toute responsabilité. Son exigence est hétérogène à tout devoir et c'est tant mieux pour lui. Et selon les situations, les devoirs diffèrent. Dans la pulsion sexuelle, le désir de l'Autre n'est pas un désir pour l'Autre qui est l'objet du désir. Souvent, le sexe me rend seul au monde. A l'écart de l'Autre qui attend peut-être beaucoup plus dans le temps, et des autres que je pourrais faire souffrir et que j'essaie d'oublier.

De ce fait la morale de la responsabilité ne peut édicter de règles valables pour tous et pour tout le temps. Elle considère cependant que ce désir n'échappe en rien à la sollicitation de la conscience et qu'il n'est pas responsable de l'exclure de son champ car tout acte mérite l'interrogation, surtout s'il semble — par effet de mode ou nature profonde — nous échapper.

En effet, il nous faut prendre en compte l'urgence

propre à tout désir sexuel et sa difficulté à penser le temps, notamment le futur. D'où sa place spécifique dans l'éducation et le rôle de la famille, qui reste, ici aussi, tout à fait déterminant. Trop de jeunes sont aujourd'hui victimes de troubles sentimentaux qui les empêchent de regarder l'avenir en face. « Profiter de sa jeunesse », « vivre sa vie », « prendre du bon temps » sont des poncifs qui dissimulent la responsabilité sous une rhétorique triviale. L'évolution des modes de vie, au sein même de la structure familiale, n'est que chaotique et très peu maîtrisée. Il s'est créé une nouvelle normalité qui devient presque contraignante pour nombre de jeunes, soucieux de ne pas être considérés comme « anormaux ». La façon dont les familles, par peur et maladresse, maintiennent la plupart des adolescents en situation de non-responsabilité ne constitue pas un progrès.

Un exemple parmi d'autres : la relation amoureuse de deux adolescents d'âge scolaire. D'abord, c'est leur propre affaire. Elle relève pleinement des zones d'autonomie qui caractérisent le passage à l'âge adulte. Mais en tant que telle, leurs familles n'ont pas à la reconnaître socialement : il y va de leur intimité comme de leur liberté. Comme elles ont moralement le devoir d'aider leurs enfants à penser les conséquences de leurs actes, elles ont légitimement à s'en inquiéter si l'avenir semble compromis et si l'instant présent prend le pas sur l'avenir dont chaque être est lui-même responsable. Or, il existe souvent une réelle démission des familles sur ce point. Elle est dans la droite ligne d'une insuffisante éducation à la responsabilité. Outre qu'il reste indispensable d'affirmer une autorité sur un certain nombre de pratiques — drogue, alcool —, sans faire la concession de la moindre complaisance, il faut solliciter les consciences sur le reste de l'existence. Plus les enfants grandissent, plus il est logique d'exiger de leur part une responsabilité de qualité croissante. C'est à mauvais escient qu'on favorise chez eux l'égoïsme et la courte vue, qui vont très souvent de pair.

Pour la sexualité, comme pour le reste, il n'est pas responsable de tout laisser faire. Si des jeunes décident de vivre une vie de couple, il faut qu'ils en aient les moyens et qu'ils soient capables d'assumer cette décision. Celle-ci ne peut non plus être banalisée. Elle engage le présent et l'avenir. Les adolescents doivent avoir en même temps des règles du jeu. Si l'on n'a pu les dissuader de ce choix, il est logique qu'ils en répondent et saisissent les enjeux qui se jouent ainsi. La responsabilité concerne les décisions et leurs conséquences dans le temps : des parents responsables contribuent à rendre leurs enfants responsables. Ils n'ont pas à leur dissimuler les décisions qu'ils prennent pour les garder auprès d'eux, par peur de leurs critiques — passer pour des « vieux cons » — ou par démission pure et simple. Ils sont là pour penser le temps et montrer comment des actes engagent le futur.

Nous retrouvons là un problème évoqué dans l'examen de l'éducation des hommes responsables. Elle ne peut se passer d'une sollicitation de la conscience ni de la notion de devoir. Le rôle de parents responsables n'est pas aisé, mais c'est leur rôle. Ils doivent répondre de leur propre concept. S'agit-il de fixer des normes et d'interdire toute relation sexuelle avant tel ou tel âge ? S'agit-il de l'ignorer, de fermer les yeux ou de feindre de ne pas savoir ? Non, il s'agit de penser la compatibilité des devoirs dans le temps. Il est tout à fait absurde de se cacher derrière « la confiance que l'on a en ses enfants ». Cette confiance n'abolit pas le rôle des parents qui, de façon décroissante avec le temps, reste à la fois d'affection, de soin, d'autorité et de contrôle. Là encore, la majorité légale garde peu de sens à cet égard. Si des jeunes veulent en jouer, il leur est loisible de le faire. Mais le cocooning des petits couples qui restent dans la demeure familiale jusqu'à un âge avancé me semble une régression plus qu'un progrès. Nous sommes passés en quelques décennies de familles qui se faisaient un devoir de prendre leurs vieux parents auprès d'eux au rejet de ces derniers et à l'hébergement abusif d'adolescents attardés. Ces deux derniers faits, apparemment contradictoires, sont en réalité cohérents : ils consacrent un certain culte de l'égoïsme et de la non-responsabilité. Cette situation est d'autant plus frappante qu'elle reste la plupart du temps impensée, si ce n'est sur le mode « il faut laisser chacun vivre sa vie ».

Pour résumer, il faut considérer que la sexualité est aujourd'hui dans une situation caractéristique qui nous avait conduit à évoquer l'émergence du concept de responsabilité. Comme l'économie, comme les médias, comme la politique, la vie sexuelle a vu s'ouvrir de nouveaux espaces de liberté et de pouvoir qui ne peuvent demeurer sans régulation. Or celle-ci ne peut être le fait de dispositions légales ou décrétées. C'est justement parce que les mœurs ont profondément été transformées et que de nombreuses inhibitions ont été levées que nous sommes, en tant qu'hommes, laissés à chaque fois devant nos responsabilités. Cette situation nouvelle pour les adolescents l'est plus encore pour leurs familles qui ont vécu des expériences très différentes au même âge, dans des espaces beaucoup plus quadrillés. Or l'intérêt de cette référence à la responsabilité consiste précisément à renouveler la réflexion sur nos devoirs en fonction d'un monde nouveau dont les autres repères sont devenus confus.

L'État

La conduite du changement

On dira justement qu'il est aisé de décrire une famille et une école idéales ; il est plus difficile de penser la transition avec les institutions actuelles. Cette critique serait pleinement justifiée s'il s'agissait d'introduire dans notre société une valeur nouvelle, issue de la pensée apodictique d'un philosophe. Mais il n'en est rien. La référence au sens commun moral est ici décisive.

En insistant sur l'intuition privilégiée que constitue l'expérience de la paternité et de la maternité, en montrant que le mot de « responsabilité » est lui-même recueilli dans de multiples expressions des hommes de ce jour, nous savons que nous avons les moyens de convaincre et de persuader. La morale vit sur un statut très spécifique : elle a un besoin impérieux d'être publiquement soutenue et reconnue alors même que l'évaluation morale n'est jamais strictement sociale, mais renvoie toujours à la conscience intime d'un homme singulier.

Un discours sur la responsabilité n'est pas l'alpha d'une réforme de l'éducation nationale. Il ne peut qu'indiquer un repère pour tous ceux, parents et enseignants, qui ont déjà, dans les faits, la responsabilité des enfants. Cette responsabilité n'a pas à être inventée, mais à être explicitée. Elle doit apparaître dans toute sa dimension morale quand l'usage l'a souvent réduite à son acception juridique. Prenons le cas de l'école : le droit civil exonère l'enseignant de toute responsabilité civile dans le cadre d'un établissement scolaire ; c'est l'État en tant qu'institution qui assume cette responsabilité :

Dans tous les cas où la responsabilité des membres de l'enseignement public se trouve engagée à la suite ou à l'occasion d'un fait dommageable commis, soit par les enfants ou les jeunes gens qui leur sont confiés à raison de leurs fonctions, soit à ces enfants ou jeunes gens dans les mêmes conditions, la responsabilité de l'État sera substituée à celle desdits membres de l'enseignement qui ne pourront jamais être mis en cause devant les tribunaux civils par la victime ou ses représentants. » (Loi du 5 avril 1937 modifiant l'article 1384 du Code civil.)

De même, le droit définit avec précision la responsabilité civile des parents — qui de ce fait prennent une assurance. Or, dans les deux cas, la responsabilité morale est d'une tout autre nature. Comme nous l'avons montré, il n'existe aucun système d'assurances qui garantisse l'enseignant ou les parents.

Mais au-delà de l'école et de la famille, l'État conserve un rôle essentiel par rapport à la prise de responsabilité par chacun de ses propres citoyens. Ses pratiques déterminent sans cesse des transferts de responsabilités ou des démissions. Sa relation au citoyen ne s'arrête pas avec l'école. Elle ne fait que commencer. L'État est formation permanente.

Un des paradoxes les plus étonnants de ces dernières décennies réside dans l'image des relations que l'État entretient avec la pratique de la responsabilité. D'un côté, dans notre société et dans la république, l'État assume des responsabilités qui définissent la république elle-même. Au premier rang, l'éducation. De l'autre, la critique la plus communément faite aux personnels de l'État porte sur la non-responsabilité. Cette contradiction mérite d'être pensée et développée. En s'enfermant dans des antagonismes idéologiques — libéralisme/dirigisme, entreprises publiques/entreprises privées —, on réduit un débat de fond à des discours partisans. Tel a été le cas de l'offensive généralisée contre l'assistance, l'État providence ou l'interventionnisme. La question doit être prise en amont des choix partisans. Il faut répondre à la question: « Quelles sont les responsabilités de l'État ? » comme aux questions subséquentes: « Qui est responsable? Qu'est-ce qu'être responsable dans la république ? »

Si l'éducation nationale prise dans son sens commun et non dans son acception institutionnelle est bien de la responsabilité de l'État, il ne faut pas prendre cette affirmation comme sectorielle. L'État républicain a pour tâche de former des citoyens, c'est-à-dire des êtres responsables, considérés comme acteurs rationnels, raisonnables et susceptibles de participer aux grands choix politiques qui définissent les contenus des opérations menées.

C'est pourquoi il faut à la fois éclaircir les critiques dont l'école est aujourd'hui l'objet et montrer en quoi l'éducation nationale dépasse le strict cadre de l'école ou de l'enseignement. La vocation de l'État est pédagogique. Or il lui manque souvent cette étoile Polaire que constitue la notion de responsabilité. De même qu'on a souvent dit que Hitler avait gagné la guerre, on peut affirmer aujourd'hui que Marx a gagné la guerre. Les défaites locales ou historiques sont souvent moins importantes que ce qui reste quand on a cru tout vaincre. L'économisme est aujourd'hui une plaie de la république : les libéraux de nos jours sont plus marxistes que les pires staliniens car ils agissent en fonction d'un principe ontologique qui constitue l'essence même du marxisme. Il s'énonce en quelques mots : l'économie est la détermination, en dernière instance, de tous les faits et événements d'une formation sociale. D'où la panique ou le désarroi lorsque l'économie échappe au politique.

Prenons un exemple récent : la création du RMI. Considérée comme une mesure sociale — les socialistes ont oublié que, formellement, la disposition est déjà proposée par Hayek ! —, elle est contradictoire. Elle conçoit l'insertion comme le résultat d'un revenu minimal qui n'est subordonné qu'au dénuement le plus extrême. L'intervention sociale n'est qu'une mesure économique. Dans son prolongement logique, les premières inquiétudes viennent du budget que cela représente. Sans aucun doute, l'insertion est de la responsabilité de l'État, *en dernière instance*. Mais le RMI formalise l'aumône. La responsabilité de l'État est de rendre responsable, c'est-à-dire de donner des responsabilités.

C'est une belle illusion que de croire que la responsabilité, du fait de son essence même, dépend entièrement de l'individu qui deviendrait responsable par une sorte de coup d'État de la volonté. En tous champs et en tous lieux, la responsabilité de l'État est éducative, c'est-à-dire qu'elle implique quelque contrainte qui constitue un balbutiement de la responsabilité. L'essence même de l'État, c'est-à-dire la formulation de règles et de lois, montre tous les jours qu'il ne peut compter sur la seule responsabilité individuelle. Son action est un jeu permanent entre l'appel à la conscience du citoyen et la coercition qui peut solliciter cette conscience. Un jour, il faut bien rendre obligatoire le port de la ceinture de sécurité ; puis un autre le geste ne dépend plus de la simple peur du gendarme. Il en est de même pour l'insertion. Certes l'État doit donner cet argent qui correspond au RMI. Mais sa responsabilité même est d'agir en sorte que ce don de la collectivité soit effectivement un levier positif. Tel qu'il est conçu, le RMI — dont on se gargarise à tort — installe dans la marginalité. Il devient progressivement une assistance normale, un dû de la société à ses membres les plus démunis. Or, d'une part les citoyens qui contribuent par leurs impôts à ce don assistent en spectateurs à cette allocation ; d'autre part, les hommes qui en bénéficient reçoivent passivement de quoi survivre. La responsabilité de l'État n'est pas de faire survivre, mais de faire vivre.

Les quelques expériences d'insertion qui apparaissent comme des succès passent toutes par la prise de responsabilité. La démoralisation, c'est souvent l'absence d'une morale. Avec le RMI, l'État emprunte de ces voies qui creusent le déficit de la Sécurité sociale : le traitement ne dépend pas toujours de la quantité des médicaments ni de la longueur de l'ordonnance. De même, l'insertion dépend beaucoup plus de processus qualitatifs que d'une machine à sous. Du moins, il faut les deux en même temps. Non pas simultanément, mais dans un processus d'échange. Cet échange doit être de nature pédagogique. Il faut en prendre le temps, le temps de la responsabilité.

Lorsqu'un homme a perdu toute responsabilité dans l'espace social et économique, il entre dans une spirale de marginalisation. Il tombe dans un état — comme on oppose les verbes d'état aux verbes d'action. C'est-à-dire que lui manque alors le ressort qui permet d'« en sortir ». Devenir un rmiste installe dans l'état quand il faudrait donner les premiers moyens de l'action. La contrainte est alors une nécessité qui ne saurait être condamnée en tant que telle. L'éducation est par essence contrainte. C'est pourquoi toute éducation passe par des systèmes de sanctions qui servent de levier pour qu'on puisse ensuite s'en passer. L'État ne devrait avoir aucune mauvaise conscience à faire usage de la force républicaine. Avec le RMI, c'est un rôle qu'il risque d'abandonner comme le font des parents vis-à-vis de leurs enfants. La république a toujours raisonné en parlant de « ses enfants », sans qu'il y ait la moindre dimension péjorative dans ce langage : nos monuments aux morts sont emplis de cet aveu gravé dans la pierre.

Ainsi le RMI est une mesure technocratique d'économiste quantitatif. Notre pensée économique et sociale ne peut se passer de référentiel. Le raisonnement économique et social qui conduit au RMI est sans doute de bonne foi. Il s'appuie sur un constat indiscutable : l'existence d'un revenu minimum constitue une bouée de sauvetage indispensable ; c'est ce qui permet à certains hommes de tenir la tête hors de l'eau, de sauvegarder une dignité élémentaire, voire de pouvoir effectuer des achats primaires qui rendent possibles des démarches d'insertion : entretiens d'embauche, participation à des manifestations sociales, évitement de la mendicité.

Mais le RMI semble avant tout dicté par le souci de la cohésion sociale conçue de façon simpliste. Le but de la république ne peut se limiter à assurer une paix sociale. En raisonnant collectivement, avec la seule préoccupation de l'intelligence, nous passons à côté de l'essentiel. En ces matières, il faut cesser de raisonner en fonction de l'intérêt global d'une société qui veut éviter le pire. L'État doit avoir pour objectif le meilleur et non la peur du pire. C'est pourquoi il nous faut raisonner en fonction des individus et de notre solidarité, et non en fonction de la préservation d'une paix collective. L'insertion est individuelle ; elle est beaucoup plus complexe qu'un simple pouvoir d'achat.

Le rôle de l'État n'est pas de distribuer de l'argent à des hommes pour éviter qu'ils le volent.

C'est bien là une tâche éducative. Le problème n'est plus tant de savoir s'il faut *plus ou moins* d'État, ni de répondre en normand qu'il faut *mieux* d'État. Il s'agit de définir la mission de l'État qui, en tous domaines, est d'abord éducative.

Toute la grandeur de cette notion de responsabilité est d'être assez formelle pour ne pas imposer un contenu idéologique de façon totalitaire. Comme les parents n'ont à souhaiter que de former leurs enfants à se passer d'eux-mêmes au fil du temps, c'est-à-dire à devenir de plus en plus responsables, l'État doit proscrire de ses actes toutes les incitations à la dépendance et à l'irresponsabilité. C'est pourquoi il faut s'extraire de toutes ces représentations caricaturales qui font de la contrainte une propédeutique à la dépendance. Le don est beaucoup plus pervers que la contrainte. Les pédagogies non directives ont progressivement quitté l'école et la famille pour trouver en l'État leur dernier refuge et y semer les mêmes catastrophes individuelles.

Le sens de l'État et du service public est de cet ordre. Le service est cette éducation. L'étymologie le dit si bien : l'éducation consiste à conduire « hors de ». Elle est un mouvement de passage, de l'irresponsabilité naturelle à la responsabilité culturelle. Je suis convaincu que si, dans chaque décision politique, l'étoile Polaire de la responsabilité oriente nos choix, la république retrouvera son sens. L'éducation n'est pas abdication. De la subvention nous devons passer à l'invention. Il faut dans chaque cas quitter l'idéologie et s'interroger : quelle est notre responsabilité propre ? C'est-à-dire aussi, le plus souvent, comment développer la responsabilité du citoyen en prenant telle ou telle mesure ? Ou encore, comment mettre tel citoyen, telle profession, telle catégorie en face de ses responsabilités tout en assumant celle qui nous est propre, la responsabilité de l'État ? Tel est le devoir de l'État, ce qu'on appelle la raison d'État. Il n'en est pas d'autre.

L'État agit avec ses moyens propres, ses décrets et ses lois. Il contraint, c'est sa nature. Mais chaque contrainte doit être étalonnée sur les responsabilités qu'il veut susciter. Comme les parents, il doit toujours souhaiter disparaître, mission accomplie. Tout en sachant qu'il ne disparaît jamais.

Conclusion

Générosité, responsabilité, temps

L'efficacité du discours moral

On pourrait, on devrait multiplier les exemples qui montrent à quel point la responsabilité devient la référence morale de notre temps. Ils se puisent dans de nombreuses professions non évoquées — les magistrats, les personnels sociaux, les forces de l'ordre, etc. — et dans toutes les situations de l'existence. En effet nous prenons conscience de l'étroite dépendance qui lie tous nos actes à des ensembles et sous-ensembles auxquels nous appartenons sans qu'ils dépassent notre conscience d'agir. C'est par exemple le cas de toutes les questions qui s'agitent aujourd'hui à propos de l'environnement. Chaque acte que je commets peut avoir des conséquences sur la nature; non seulement en tant que tel, mais par un principe d'universalisation inhérent à toute démarche morale: *et si tout le monde faisait pareil!* Avant de m'engager dans des luttes écologistes, je sais, en tant qu'homme et donc être raisonnable, que mes comportements individuels — et ceux que j'enseigne à mes enfants — sont les premiers actes dont je suis responsable. Les luttes politiques sur ces questions ne font souvent que pallier la somme des actes individuels non responsables.

Il n'est pas un homme qui ne puisse se sentir concerné aujourd'hui par cette notion de responsabilité. Reste une question lancinante pour tout discours moral : comment convaincre ? On reproche souvent au discours moral d'être un amas de vœux pieux et de ne pas disposer des moyens qui lui permettraient d'atteindre ses fins. Sans doute est-ce une limite que n'a pas le discours politique : ce dernier utilise le pouvoir et se substitue aisément à la morale puisqu'il possède les outils de sa propre réalisation. Du moins aime-t-il le penser et se démarquer de l'utopie. Jusqu'à la preuve du contraire que l'Histoire administre à intervalles réguliers.

Comment convaincre ? En promettant des lendemains meilleurs ? En faisant la synthèse du devoir et de l'intérêt ? En garantissant que le sacrifice d'un jour est le gain du lendemain ? Ces voies sont depuis toujours erronées. « Ce calcul tortueux est une hypocrisie, et rien de plus », écrivait déjà Jankélévitch pour souligner ce « Paradoxe de la morale ».

La morale est aujourd'hui agitée de nouveaux paradoxes. Elle garde sa propre nature. Elle ne dispose d'aucun moyen de coercition qui puisse lui garantir un succès. Par ailleurs elle ne peut se satisfaire d'une pression sociale qui la justifie ou la fonde. Peut-être peut-on penser qu'elle échoue et que c'est son destin. Mais cette faiblesse fait aussi sa force : elle s'adresse à la conscience des hommes sans solliciter leurs lâchetés.

Nous ne pouvons regretter ni l'ordre de la tradition, ni l'ordre de l'idéologie, ni les ordres de tous ceux qui nous montraient la voie royale vers le Grand Soir. Les responsables n'aiment pas trop les ordres reçus ou donnés : l'exécution n'est pas leur fort. La morale ne dispose pas de moyens militaires. Son discours ne s'achève jamais dans le fin mot de tout pouvoir, dans la manifestation exaspérée de toute hiérarchie : « Exécution ! » Ce même mot qui se dit du passage à l'acte mais aussi de l'ordre et du poteau.

La responsabilité serait-elle désobéissance ? Disons qu'elle ne peut jamais se satisfaire de l'obéissance. Elle peut au contraire prendre la forme vive du refus qui permet de ne pas agir quand un pouvoir voudrait qu'on s'exécute. Tel le général de Gaulle en juin 1940.

C'est dire qu'une morale de la responsabilité doit être méfiante devant tous les usages qui restent possibles. La vogue d'un mot fait que chacun s'en empare pour l'invoquer. Le même constat qui permet de penser qu'un devoir est aujourd'hui pensable oblige à constater qu'il est en même temps manipulable. Les pouvoirs n'en ratent jamais l'occasion. Or la responsabilité soupçonne toutes les injonctions qui court-circuitent la conscience. La médiation de la conscience et le regard d'autrui modèrent les appétits de pouvoir. Le discours des pouvoirs aujourd'hui passe toujours par l'évocation des contraintes extérieures, de destins inévitables qui rendent certaines actions nécessaires et indiscutables. Plus le monde est complexe, plus on fait appel à des idées simples et péremptoires. Le responsable discute toujours. Il sait qu'il ne peut répondre de ses actes s'il n'a pris le temps de prévoir leur déploiement dans le temps. La conscience a besoin de délais.

Faut-il donc renoncer à convaincre ? Dire seulement le crépuscule du devoir et l'enregistrer pour le promouvoir sous la bizarre appellation d'une « morale des droits ». Le discours moral est d'essence pédagogique ; il ne peut faire l'économie de la formation ou de l'éducation. Le moraliste est un répétiteur car la morale est répétitive. Il est *obstiné*, c'est-à-dire qu'il se tient devant. Rien n'est jamais gagné, mais deux conditions favorisent la conviction : l'obstination d'un discours soutenu dans l'espace public par les acteurs les plus divers ; et surtout l'insistance d'un sens commun moral que l'ère du vide ne satisfait jamais. Nous savons intimement que nous avons des devoirs mais nous peinons à les formuler. C'est pourquoi la formulation obstinée est le mode d'expression de la morale. Il faut la poser devant chaque conscience, c'est-à-dire l'*opposer* à toutes les intentions possibles qui en diffèrent.

Générosité de la responsabilité

Si l'on ne croit pas en l'efficacité du discours, on s'arrête d'écrire et l'on prend les armes. Or la morale concerne précisément ces espaces de liberté dans lesquels un homme peut être moral ou immoral. S'il n'en existe pas, l'homme ne connaît « ni le nom de vice, ni le nom de vertu ».

Les paradoxes sont nouveaux car la référence morale a changé, comme notre monde. Si la morale ne peut rechercher dans le monde le gage de son succès, elle y puise ses formulations en fonction des situations nouvelles auxquelles elle est confrontée. Les désillusions présentes ne doivent pas nous faire oublier que nous découvrons aujourd'hui d'étranges espaces de liberté. Maintes terres nous sont encore inconnues. Nos comportements ne peuvent pour autant se satisfaire de l'aléa. La responsabilité est un nouveau repère, fixe et indéterminé. Elle exige de chacun une réflexion singulière sur ses propres devoirs. Ils ne sont pas toujours clairs ni apparents. La responsabilité permet d'inventer. Même si elle se formule en termes de devoir et d'exigence.

En insistant sur la responsabilité individuelle et ses horizons en ces temps qui changent profondément nos conditions d'existence, je n'ai pas voulu tomber dans une sorte de subjectivisme ou de relativisme moral qui laisserait à chaque conscience le soin d'élaborer sa propre morale. C'est pourquoi, pour les éviter, il est nécessaire d'enraciner le sens de la responsabilité dans l'éducation elle-même. Le sens commun moral n'est pas sceptique, il conserve quelques certitudes qu'enveloppe le concept même d'une morale.

Vivre le temps des responsables met à l'épreuve notre liberté individuelle et notre réflexion collective. Nous vivons une période intense faite de choix et de pouvoirs nouveaux. Notre conscience le sait, qui peine à traduire ces conditions nouvelles. Nous ne sommes pas motivés par la peur du lendemain mais par son incertitude, où que nous soyons. Le monde est devenu informe. Le sens de l'Histoire s'est perdu et c'est tant mieux. Il n'y a ni sens unique ni sens interdit. Et bizarrement, tandis que les contraintes se multiplient et que les jeux économiques semblent nous échapper, nous voici face à nos responsabilités. C'est-à-dire face à l'action. La morale de la responsabilité ne la freine pas, elle la dynamise. Car nous avons autant à répondre de ce que nous ne faisons pas que de ce que nous faisons. Elle n'est pas une promesse de bonheur, mais de liberté.

On ne peut donc utiliser les classiques moyens de la persuasion : « Il est facile de combler celui-là qui n'a point d'espace dans le cœur », disait Saint-Exupéry. Il en est tout autrement pour la conscience morale, qui reste l'interlocuteur le plus naturel du discours moral. Rien ne sert de solliciter les appétits, les intérêts, les calculs, l'intelligence abstraite ou l'égoïsme.

Au contraire. Comme le soulignait déjà Bergson, la morale ne peut être qu'un *appel*. Elle fait appel à notre générosité car la responsabilité est étroitement liée à la *gén*érosité. Répondre de nos actes, c'est intimement nous préoccuper de tout ce que nous en*gen*drons dans ce monde, de causes et d'effets, prochains et lointains : de produits pour les uns, de services, de décisions, d'ordonnances, d'informations pour les autres. Nous avons à répondre de toute notre progéniture. C'est pourquoi il n'est pas fortuit que la relation au nourrisson constitue le paradigme de toute responsabilité : nos actes sont nos enfants et nos enfants sont nos plus beaux actes. L'homme responsable sait qu'il est géniteur et fier de l'être. Il ne sait ce que son flux séminal, fait d'actes et de paroles, deviendra ; mais il y veille, il en a le souci, même et surtout si tout ne dépend pas de lui. Ainsi peut-on parler, selon l'heureuse expression de Danielle Rouard *(Le Monde)*, des « aventuriers de la générosité » qui inventent aujourd'hui « de nouveaux assauts contre les petites misères ». L'homme responsable et généreux ne demande ni au corps médical ni à aucun autre de fabriquer pour lui de beaux actes avec de belles conséquences, *in vitro*. La référence à la responsabilité se passe toujours *in vivo*. Elle y prend son sens, de génération en génération, c'est-à-dire dans le temps.

Les temps de l'homme responsable

Car le temps des responsables enveloppe en lui tous les temps possibles, tels que les dit et les pense notre langue. Notre temps, d'abord, notre époque, notre ère. L'Histoire s'affole en brisant ses repères structurants, ses discours définitifs et ses projets collectifs : elle nous propose une jungle nouvelle. Nous pourrions y combattre sans foi ni loi, sans souci des arches perdues. La responsabilité n'a pas la clarté d'un dogme, ni le tranchant de Damoclès. Elle implique chacun d'entre nous dans une réflexion nouvelle qui sollicite en nous le don, la dépense, tous attributs de la générosité.

Le temps qui passe ensuite, celui de notre vie individuelle, que nous occupons comme nous pouvons. Un temps occupé qu'il nous faut libérer. Car la responsabilité suppose que chacun garde du temps, en sauvegarde même, pour sa progéniture multiple. Comme Saint-Exupéry, après l'amour, laisse bouillir le samovar. Nous sommes menacés en permanence par les urgences, par tous les divertissements qui nous accaparent et nous distraient de nos responsabilités. Méfions-nous du temps : le responsable est maître du temps ou du moins tente de l'être. Le temps des responsables est un temps maîtrisé du fait de l'incertitude elle-même. La première générosité est toujours l'offrande de quelque temps.

Puis, par nature, l'extase privilégiée du temps des responsables est le futur dans lequel se déploient les actes. Certes l'homme responsable examine au présent les conséquences de ses actes passés pour les regarder jouer entre tous les réseaux complexes qui les enserrent ; pour y trouver sa part et en répondre. Mais le temps du devoir est toujours celui du devoir-être, tourné vers l'avenir.

Enfin, le temps des responsables s'exprime aussi sous la forme météorologique : le temps de l'Histoire comme on parle du temps des éléments. Ce n'est pas la bonace. C'est un temps lourd, gris, incertain. Pour certains, un temps à chercher des parapluies afin de se prémunir. Pour l'homme responsable, le gros temps comme le temps détraqué — de l'économie, du couple, du sexe — sont une sollicitation permanente. La responsabilité, dissipative, est promesse d'éclaircie.

Ces quatre temps constituent les quatre éléments de nos devoirs multiples. Conjugués, ils excluent qu'un discours moral nous donne aujourd'hui des solutions toutes faites.

La responsabilité n'en est pas une. C'est pourquoi nous avons préféré parler d'étoile Polaire, d'une référence qui nous oriente sans supprimer le chemin qui reste à parcourir, ensemencé de réflexion et d'action.

Postface

Gulliver et les petits lutins

Gulliver avait beaucoup marché. Il méprisait le fouet des vents et les rocailles inégales. Le soir, la fatigue le surprit. Il décida de s'allonger sur un innocent humus. Immobile, les paupières closes, il ne sentit pas s'approcher mille petits lutins qui bientôt grouillèrent tout autour de son corps. Jaloux de sa taille gigantesque, ils étaient tous animés de mauvaises intentions, sans savoir encore comment le bidouiller. L'un proposa de lui obstruer les narines et la bouche, comme dans le supplice des fourmis rouges ; l'autre de le ligoter pour le clouer au sol et le laisser exposé à l'ardeur du soleil. Chacun, dans son délire, chuchotait de raffinés supplices en priant que son propre plaisir fût retenu. Avec la discussion, le vacarme crût au fil des piaillements. Le plus sage des lutins imposa le silence. Il évoqua les Grecs à Troie et leur géant cheval de bois ; suggéra que la tête de Gulliver devînt comme la fabrique d'Ulysse. Il connaissait la route. Il prit la tête de la meute et pénétra dans le pavillon de l'oreille pour que tous s'insinuent dans le cerveau. Pas à pas, ils atteignirent les mastoïdes puis les méninges. Très vite, discrètement, ils envahirent toute la boîte crânienne en dévorant tous les neurones qu'ils y trouvaient.

Tout était foré puis rongé. Le macabre travail semblait achevé. Sur un signe du sage, tous poussèrent un cri de victoire : ils occupaient les lieux et pensaient pouvoir maintenant diriger le corps tout entier. Mais il y eut un moment d'affolement : le hourra général fit tressaillir un morceau d'encéphale qu'ils avaient oublié. Heureusement le sage suggéra une belle entourloupe : Gulliver ne savait pas son esprit occupé ; ils pourraient donc jouer à provoquer sur la petite partie restante les mouvements les plus divers, en hurlant à son reste de conscience des messages terribles : Si tu aimes, c'est grâce à nous ; si tu veux, c'est nous qui voulons ; si tu dois, c'est nous qui devons ; si tu peux, c'est toujours nous, peu ou prou.

Gulliver se leva péniblement, plus fatigué encore qu'avant son endormissement. De temps en temps, son résidu de cervelle essayait de démêler le douloureux écheveau dans ce maillage très confus des causalités qui l'assaillaient. A chaque fois, dans un éclat de rire, un lutin répondait à ses questions inquiètes : « Je suis la société » ; un autre s'esclaffait : « Souviens-toi de maman ! » Un autre évoquait avec sérieux l'environnement. Gulliver ne répondait plus de rien. A chaque acte qu'il pensait faire librement, il voyait, en un feu d'artifice, mille et mille causes qui lui faisaient toujours la nique.

Malheureusement, Gulliver se rassura quand le lutin subtil susurra à sa cervelle atrophiée l'explication la plus acceptable et la plus terrible : « Nous sommes ton inconscient ! »

Il fallut à l'analyste un énorme divan pour que Gulliver pût s'allonger dans son cabinet. La cure dure encore ; et à chaque séance, les lutins déchaînés fourbissent leurs ragots, inventent mille récits, et puisent dans chaque sécrétion toute l'énergie. Aux dernières nouvelles, le plus sage des lutins — qui est aussi le plus calculateur — allait proposer à l'analyste une négociation : il suggérerait d'amener quelques nouveaux clients en usant de la même méthode pourvu qu'il fût capable de faire un geste significatif en faveur de son peuple.

BIBLIOGRAPHIE

BAUD, JEAN-PIERRE, *L'Affaire de la main volée*, Seuil, 1993.

BERGSON, HENRI, *Les Deux Sources de la morale et de la religion*, PUF.

DEBRAY, RÉGIS, *Contretemps*, Gallimard, coll. Folio, 1992.

DOMENACH, JEAN-MARIE, *Une morale sans moralisme*, Flammarion, 1992.

DU ROY, ALBERT, *Le Serment de Théophraste*, Flammarion, 1992.

FABER, EMMANUEL, *Main basse sur la cité*, Hachette, 1992.

HABERMAS, JÜRGEN, *Morale et Communication*, Cerf, 1987.

HABERMAS, JÜRGEN, *De l'éthique de la discussion*, Cerf, 1992.

HAYEK, FRIEDRICH, *Droit, Législation, Liberté*, PUF, 1987.

JANKÉLÉVITCH, VLADIMIR, *Le Paradoxe de la morale*, Seuil, 1981.

JEAN-PAUL II, *Centesimus annus*, Centurion, 1991.

JONAS, HANS, *Le Principe responsabilité*, Cerf, 1990.

JUDT, TONY, *Un passé imparfait*, Fayard, 1992.

KANT, EMMANUEL, *Critique de la raison pratique*, PUF.

KANT, EMMANUEL, *Fondements de la métaphysique des mœurs*, Delagrave.

KANT, EMMANUEL, *Anthropologie d'un point de vue pragmatique*, Vrin.

LÉNA, MARGUERITE, *Honneur aux maîtres*, Critérion, 1991.

LEVINAS, EMMANUEL, *Éthique et Infini*, Fayard, 1982.

LEVINAS, EMMANUEL, *Entre nous*, Grasset, 1991.

LIPOVETSKY, GILLES, *Le Crépuscule du devoir*, Gallimard, 1992.

QUÉRÉ, FRANCE, *L'Éthique et la Vie*, Odile Jacob, 1991.

ROUSSEAU, JEAN-JACQUES, *Émile*, Garnier-Flammarion.

SERRES, MICHEL, *Le Tiers-Instruit*, François Bourin, 1991.

SERRES, MICHEL, *Discours de réception à l'Académie française*, François Bourin, 1991.

SOLLERS, PHILIPPE, *Le Secret*, Gallimard, 1993.

STASI, BERNARD, *La Politique au cœur*, Robert Laffont, 1993.

SULLEROT, ÉVELYNE, *Quels pères ? Quels fils ?*, Fayard, 1992.

TESTART, JACQUES, *Le Magasin des enfants*, François Bourin, 1990.

TESTART, JACQUES, *Le Désir du gène*, François Bourin, 1992.

TABLE

Achevé d'imprimer en décembre 1996
sur les presses de l'Imprimerie Bussière
à Saint-Amand (Cher)

POCKET - 12, avenue d'Italie - 75627 Paris Cedex 13
Tél. : 01-44-16-05-00

— N° d'imp. 2596. —
Dépôt légal : décembre 1996.

Imprimé en France